乡村振兴·农村干部赋能丛书

村干部
积极心理建设

CUNGANBU
JIJIXINLIJIANSHE

朱艳军 ◉ 主编

济南出版社

党中央高度重视干部心理健康工作。习近平总书记强调,"要真情关爱干部","关注身心健康"。党的十九大报告提出:"加强社会心理服务体系建设,培育自尊自信、理性平和、积极向上的社会心态。"党的二十大报告进一步强调,"推进健康中国建设""重视心理健康和精神卫生"。

村干部处在农村工作第一线,是党在基层的"代言人"、是乡村振兴的"领路人"、是农民群众的"大管家",作用特殊。当前,广大村干部承担的任务越来越庞杂,面临的挑战和困难不断增多,承受的压力也越来越大。顶住压力、攻坚克难、担当有为是当前和今后一段时期村干部的工作常态,关注村干部身心健康、激励村干部担当作为成为农村干部队伍管理的鲜明主题。

世界卫生组织对于心理健康的定义是:"心理健康是一种健康或幸福状态,在这种状态下,个体可以实现自我,能够应对日常的生活压力,工作富有成效和成果,以及有能力对所在社区做出贡献。"这也是近年来国际心理学界"积极心理学"取向的具体体现,即关注人性中积极的心理品质和体验,如幸福、满足、乐观、自信、爱、创造力等。积极心理学能够帮助人们更好地发挥潜力和优势,致力于促进个人、社会以及国家的繁荣和发展。为适应新时代发展要求,加强村干部积极心理能力建设,提高村干部的积极心理能量,是激发村干部队伍活力、提高村干部治理能力的重要路径。

本书以积极心理学为理论体系支撑,倡导心理学的积极取向,以研究村干部的积极心理品质、关注村干部的健康幸福与和谐发展为主要内容,增强自我效能,提高情绪智能,构建积极人际关系,进而提升村干部工作成效与生活品质。

本书内容共分为七个模块。其中:第一模"块积极心理建设",第二模块"积极自我",由朱艳军编写;第三模块"积极情绪",第四模块"积极关系",由李祖峰编写;第五模块"积极投入",第六模块"积极成就",由王朝青编写;第七模块"积极意义",由朱艳军编写。

本书体例新颖、内容鲜活、阐述透彻，每章都有实践案例、知识阐述、方法应用、心理测试等，针对性和可操作性强，衷心希望这本书能够为基层农村干部提高心理活力、增强心理能量、提升心理素养提供科学指导，也为进一步推动积极心理学与农村干部心理能力建设的实践深入发展提供参考。

本书在编写过程中得到中共济宁市委组织部的指导和帮助，在此表示衷心感谢！由于编者水平有限，书中不足之处敬请读者和广大同仁批评指正。

编 者

2024 年 9 月

目 录

模块一 积极心理建设 ………………………………………………… 1
 项目一 村干部积极心理建设的现状和意义 ……………………… 1
 项目二 村干部自身积极心理建设的体系模型 …………………… 19

模块二 积极自我 ……………………………………………………… 25
 项目一 提升自我价值感 …………………………………………… 25
 项目二 发挥美德与品格优势 ……………………………………… 34
 项目三 养成习得性乐观 …………………………………………… 49

模块三 积极情绪 ……………………………………………………… 56
 项目一 培养积极情绪 ……………………………………………… 56
 项目二 有效情绪管理 ……………………………………………… 65
 项目三 积极的压力管理 …………………………………………… 71

模块四 积极关系 ……………………………………………………… 79
 项目一 认识和谐积极关系 ………………………………………… 79
 项目二 培养亲和力和共情力 ……………………………………… 90
 项目三 通过有效沟通建立积极关系 ……………………………… 99

模块五 积极投入 ……………………………………………………… 104
 项目一 心存美好与希望 …………………………………………… 104
 项目二 积极专注的力量 …………………………………………… 113
 项目三 进入福流状态 ……………………………………………… 118

模块六　积极成就 ··· 126
　项目一　培养成长型思维 ··· 126
　项目二　增强复原力 ··· 132
　项目三　提升灵活变通力和坚毅力 ································· 138

模块七　积极意义 ··· 146
　项目一　寻找生命真正的意义 ······································· 146
　项目二　成为自己人生的意义策划师 ······························ 151
　项目三　提升人生管理,成就美好事业 ···························· 159

参考文献 ··· 167

模块一　积极心理建设

对干部政治上激励、工作上支持、待遇上保障、心理上关怀，让广大干部安心、安身、安业，推动广大干部心情舒畅、充满信心，积极作为、敢于担当。

——习近平

项目一　村干部积极心理建设的现状和意义

心理健康是一种健康或幸福状态，在这种状态下，个体可以实现自我，能够应对日常的生活压力，工作富有成效和成果，以及有能力对所在社区做出贡献。

——2001年联合国世界卫生组织对"心理健康"概念的界定

学习目标

1. 了解村干部在乡村振兴基层工作中的作用；
2. 理解新形势下村干部心理现状及其原因；
3. 掌握村干部积极心理建设的意义。

案例导入

绿溪村多年来高度重视村干部积极心理建设并取得了显著成效，村委会主任张林就是该项工作的积极推动者和受益者。

在基层工作实践中，张林深知村干部的工作压力和挑战。为了提升自己和团队的心理素质和工作效能，他积极推动村委会开展积极心理建设活动，组织干部参加心理健康讲座，进行团队心理素质提升训练，学习应对压力和挑战的方法，并将这些方法应用到实际工作中，慢慢地村干部们发现自己在面对困难和挑战时能够更加冷静和从容。此外，张林还注重激励机制的建立，村委会制定了村干部绩效考核和奖励机制，对在工作中表现突出的村干部给予表彰和奖励。

通过积极心理建设，绿溪村干部的工作积极性得到了激发，村干部团队也变得更加团结和高效。他们为农村的和谐稳定做出了积极贡献，他们的工作得到了村民的认可和赞誉。张林作为这一变化的引领者，深感自豪和满足。他说："通过积极心理建设，我们不仅提升了自己的心理素质和工作效能，还为绿溪村的发展注入了正能量。这是一种双赢的局面，也是我们作为村干部的使命和责任。"

在中国的广大农村地区，村干部是基层治理的重要力量，村干部心理状态的积极性建设对于农村的发展和稳定具有举足轻重的意义。积极心理建设通过一系列措施和方法，激发和增强村干部的积极情绪、认知和行为，提升其心理健康水平、生活质量和工作效能，同时也为农村的和谐稳定注入了正能量。

一、乡村振兴需要村干部做好"领头雁"

民族要复兴，乡村必振兴。习近平总书记提出，"全面建设社会主义现代化国家，最艰巨最繁重的任务仍然在农村。""乡村振兴，关键在人、关键在干。必须建设一支政治过硬、本领过硬、作风过硬的乡村振兴干部队伍"，而熟悉农村工作，懂农业、爱农村、爱农民的村干部是关键，其"领头雁"作用至关重要。

村干部作为群众眼中的"领头雁"，在群众中威望高、在工作中能力强、在困难中善克服，在乡村振兴中起着提振发展信心的关键作用。村干部处在农村工作的第一线，担负着贯彻落实党的路线、方针、政策，密切党和政府同人民群众的联系，带领群众致富的重任，是党在农村实施领导的关键群体，他们的重要作用是其他人无法替代的。老百姓常说，村看村，户看户，群众看干部；千政策，万政策，群众能致富就是好政策；大干部，小干部，能带领群众致富就是好干部。村干部就是一面旗帜，只有他们带好了头、领好了路，提高素质学在前、服务群众干在前、勤劳致富闯在前、遵纪守法行在前、文明形象树在前、移风易俗走在前，群众干事才有劲头、日子才有甜头、生活才有盼头。事实证明，哪里经济发展快、群众收入高、日子过得好，哪里就有一个好班子、有一只好的"领头雁"。

村干部工作非常繁忙，"上面千条线，下面一根针"，他们的工作充满了困难和艰辛。曾有人这样描述村级工作："村级工作最苦，不仅身苦而且心苦；村级工作最累，两眼一睁忙到熄灯；村级工作最险，经常走在矛盾的最前边；村级工作最冤，出了问题自己担；村级工作最多，按下葫芦浮起瓢。"这段描述尽管只是一个工作侧面的真实写照，但也反映了村干部的不易。目前，农村工作正处于探索求进、调整适应的新阶段，面临诸多发展、转型的新课题，很多村干部感受到空前的压力与挑战，他们经常处于高强度的工作状态，对他们来说，很多事务是疲于应对的。长此以往，有些村干部的身心处于亚健康的状态,这不利于他们的工作和生活。

真情关爱干部、关注干部身心健康、提高干部心理素质、加强干部心理健康服务,是党的干部工作的一项十分重要的任务。党的二十大报告明确指出,要"着力增强防风险、迎挑战、抗打压能力"。增强抗打压能力,其中一个重要方面就是要提高干部的心理素质。因此,研究村干部心理健康问题产生的原因,对他们的心理压力进行有效调适,对提升村干部综合素质、加强其思想建设、完善其心理建设均有十分重要的意义。

二、村干部心理现状及其产生的原因

(一)村干部心理现状

为全面掌握村干部心理健康状况,提升村干部心理素质水平,为村干部心理建设提出更加科学、有效的对策建议,我们对村干部做了心理健康问卷专项调查(问卷题目详见本书第12—18页附件),收集第一手资料信息,为研究村干部心理建设提供充分可靠的依据。在调查问卷的设计过程中,我们对现有文献资料进行了查阅、整理,在参考与借鉴科学方法的同时,与实际工作密切结合,完成了调查问卷的科学编制工作。本问卷题目涵盖了受调查对象的基本信息、其心理健康状态及其产生的原因,能够从多个角度对受调查对象就心理健康状况进行评估分析,为相关问题的分析和处理提供明确依据。

2023年9月,我们对济宁农村干部管理学院2021届与2022届各班村干部学生进行课堂问卷调查,共发出910份问卷,收到有效问卷907份,有效率为99.67%。参与调查的村干部中,男性为585人,占比64.5%,女性为322人,占比35.5%;参与调查的村干部年龄在31—50岁的占比为92%,其中31—40岁的占比为65%。

本次调查活动包括生活、工作、职业规划、社会环境、个人心理建设标准等十几大类共45个方面的问题,经过汇总、分析,发现:

1. 村干部认为加强自身心理素质建设的重要程度

调查数据显示,有94.71%的人认为加强村干部心理素质建设很重要。可见,绝大多数村干部已经认识到进行自身心理素质建设的重要性。

2. 村干部日常焦虑状况与压力来源

调查数据显示,经常感到嗜睡、倦怠、无力、注意力不易集中、健忘的人数占13%;有时和偶尔有过类似情况的人数占66.3%;从没有过类似情况的人数占17%。心情烦躁、不踏实的人数占比较高,达到36.93%。

调查数据显示,村干部日常压力大甚至出现心理问题的主要原因有工作压力、社会环境压力、生活压力、自身心理素质、体制机制这五方面,其中,认为最主要原因是工作压力的人数占比31.2%,认为最主要原因是自身心理素质的占比29.55%,认为主要原因是社会环境压力的占比22.6%,这三方面合计占比83.35%。

调查数据显示，感觉到目前工作压力程度是"一般""较大"与"很大"的人员数量占比为70%，"偶尔失眠和经常失眠"的人员数量占比达到75%，这说明村干部在日常工作中的心理健康状况不容乐观，推进村干部积极心理建设的知识、技能教育培训刻不容缓，势在必行。

3. 村干部对未来工作压力和社会环境压力的预计情况

调查数据显示，68.14%的人员预计自己接下来的工作压力会有所增加，11.25%的人预计自己的工作压力会大幅增加，这也是村干部群体对未来职业规划发展产生焦虑的原因。69.46%的人员预计今后面临的社会环境压力会大幅增加。

由此可知，未来工作压力增加以及因社会环境不确定所带来的压力，给村干部造成了很大的心理影响。

4. 村干部对心理素质建设的重视

调查数据显示，村干部对心理健康和心理调适方面的知识了解较少，对相关知识略知一二和一无所知的人员数量占比近50%。在此之前，从来没有接受过心理健康调查的人员数量占比为67.59%，没有接受过专业心理测试的人员数量占比达到80.04%。

本次调查使村干部意识到当前所面临的心理素质建设问题，其中认为"比较有必要和很有必要"了解心理健康知识的人员数量占比近90%。这说明村干部迫切想要了解心理健康知识、缓解心理压力、提高心理素质。

5. 村干部压力的主要来源与因素

调查数据显示，目前村干部工作压力的主要来源为工作任务繁重、竞争激烈、待遇问题等。见图1.1-1。

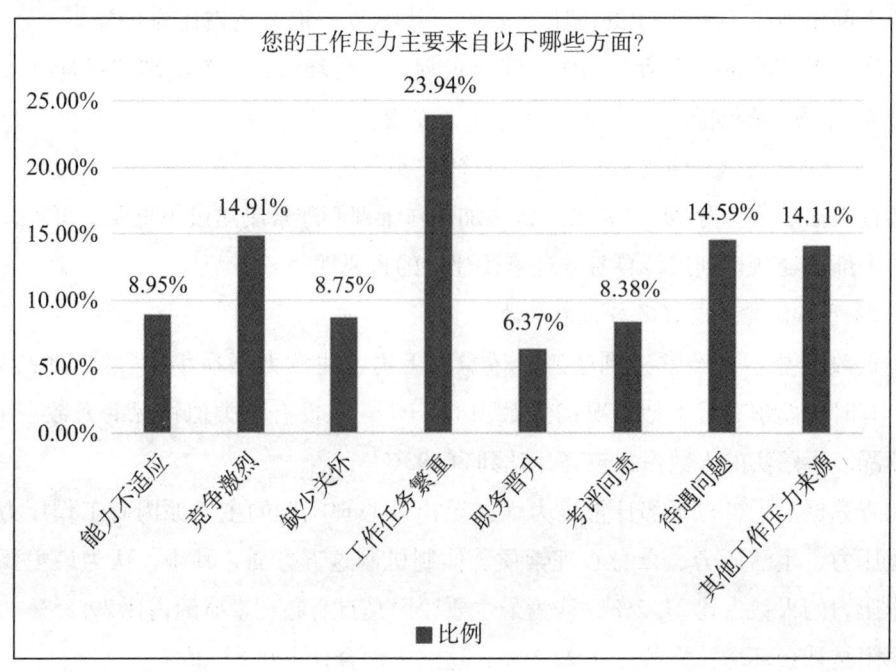

图1.1-1 村干部工作压力的主要来源

村干部生活压力主要来自子女教育问题、收入问题、生活费用上升以及养老问题等。其中因子女教育问题引起生活压力的人员数量占比达到18.33%，收入问题导致有压力的人员数量占比达到17.83%，这两项成为生活压力的最主要来源。见图1.1-2。

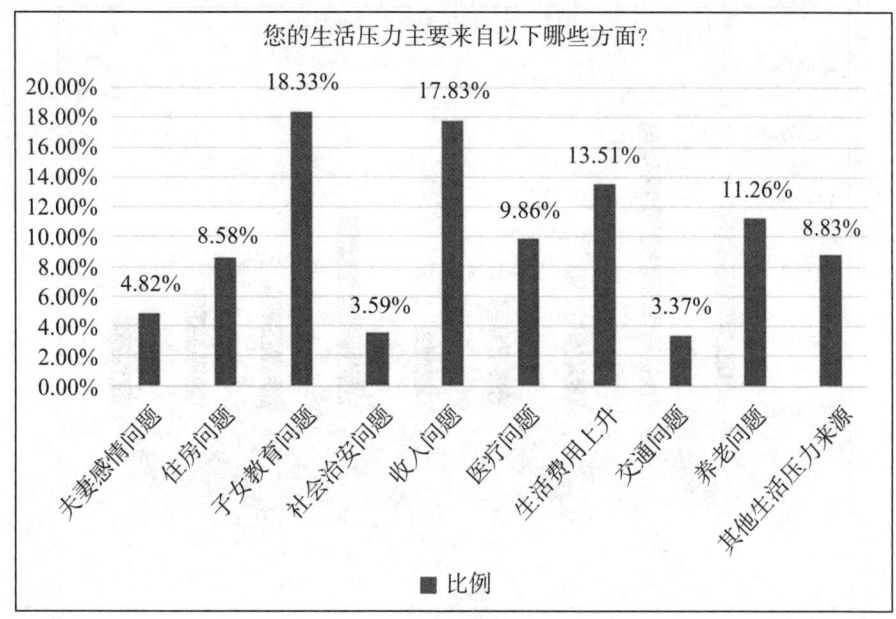

图1.1-2 村干部生活压力的主要来源

村干部受到的社会环境压力主要有人际交往、利益调整、其他社会环境压力等，其中人际交往因素是造成村干部感受社会环境压力的最重要因素，占比18.29%。见图1.1-3。

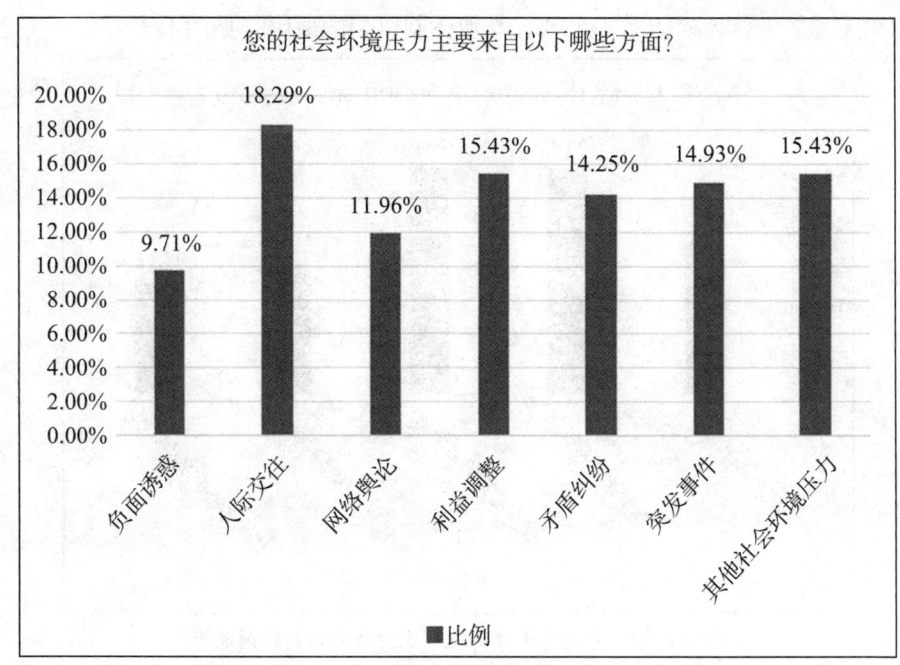

图1.1-3 村干部社会环境压力的主要来源

调查数据显示，形成村干部心理压力的主要来源为工作任务压力、家庭生活压力、社会负面心理影响等。见图1.1－4。

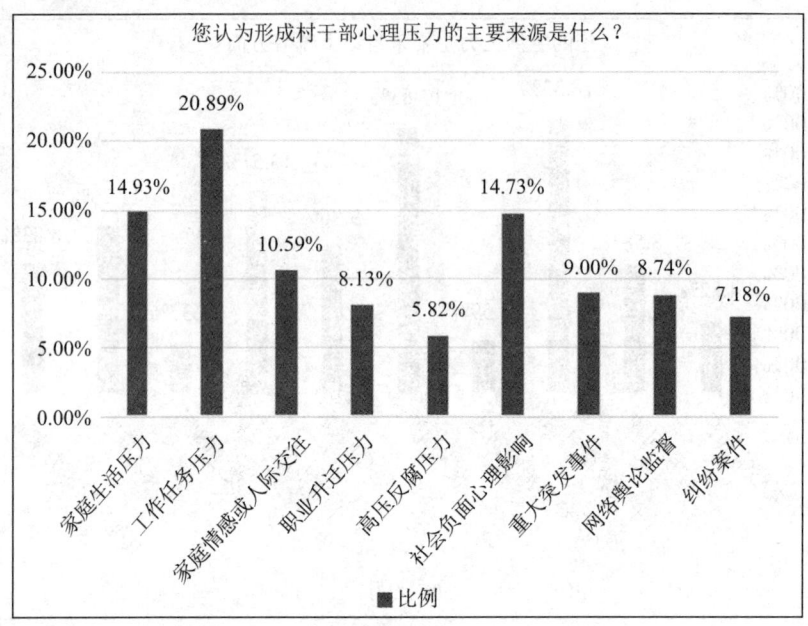

图1.1－4　形成村干部心理压力的主要来源

6. 影响村干部心理健康的体制机制原因

本次调查数据显示，影响村干部心理健康的因素除了其自身原因外，还有体制与机制的因素，主要表现在以下几个方面：缺少心理健康教育机制、缺少心理疏通渠道、缺乏组织关爱、考核评价体系不合理、其他体制机制的原因。见图1.1－5。

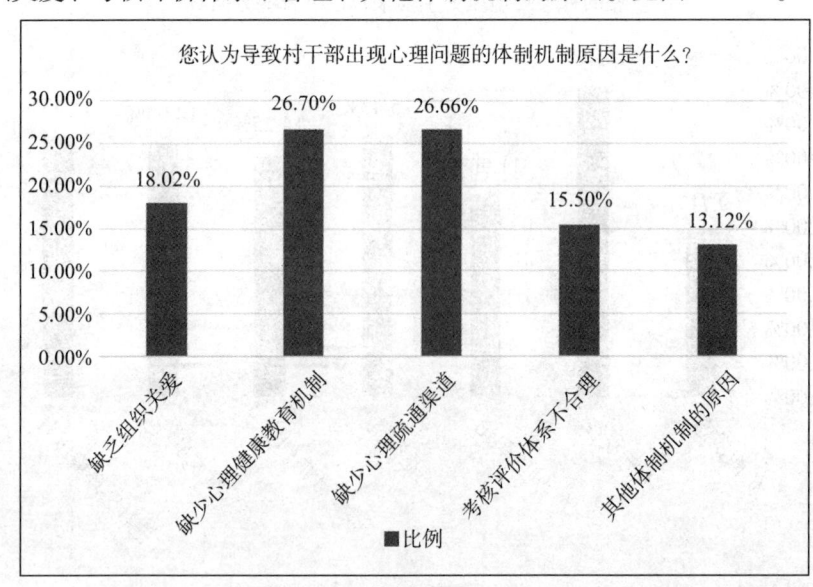

图1.1－5　导致村干部出现心理问题的体制机制原因

其中，认为缺少心理健康教育机制的人数占比 26.70%，认为缺少心理疏通渠道的人数占比 26.66%，认为缺乏组织关爱的人数占比 18.02%。以上数据说明，村干部亟待心理健康方面体制机制的改善，以改变自己目前的被动状况。

7. 村干部积极心理建设培养的方向与标准

本次调查对村干部积极心理建设培养的方向与标准进行了针对性的调查统计，其中所调查村干部选择了应具备的心理素质如图 1.1-6。

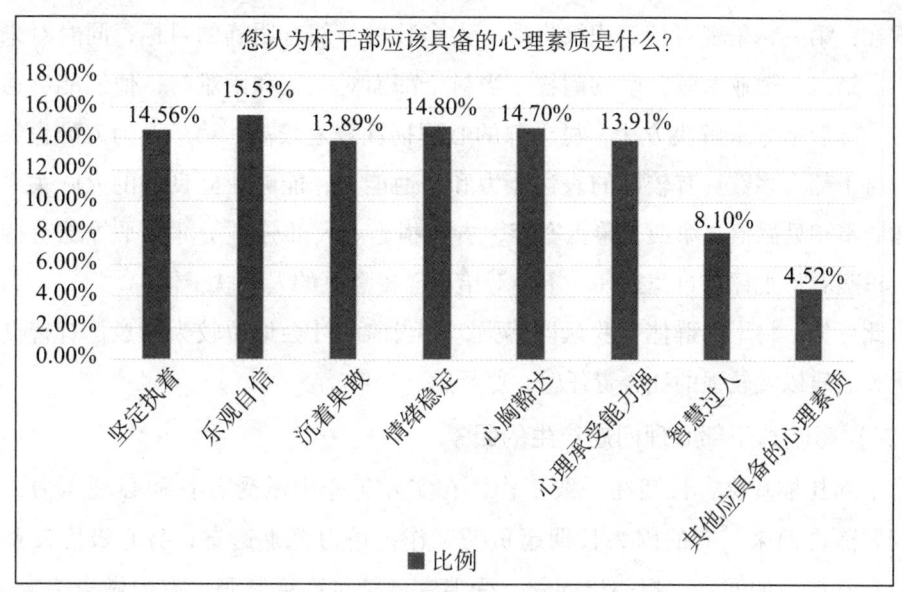

图 1.1-6　村干部应该具备的心理素质

村干部统计反馈的村干部心理健康的标准如下：

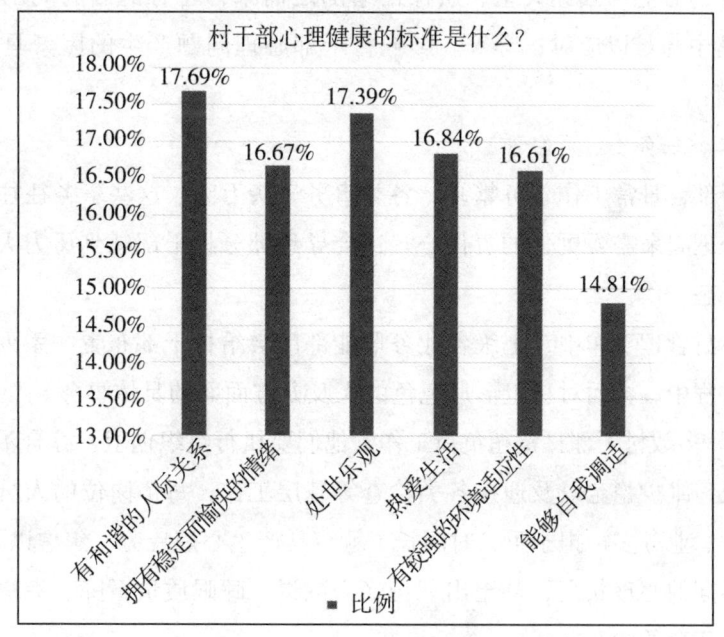

图 1.1-7　村干部心理健康的标准

调查数据显示，乐观自信、情绪稳定、心胸豁达占到优秀心理素质的前三位，这也是村干部群体的实际内心诉求。我们推进村干部的积极心理建设就是通过针对他们的个人情绪、积极关系、压力管理等各个方面进行分析、知识普及与技能培训，从而让村干部在工作与生活中达到乐观自信、情绪稳定以及培养良好的心理承受能力，进而积极地面对工作与生活。

同时，我们也欣喜地发现，从调查数据整体情况来看，村干部心理较为健康，主要体现在：第一，乐观自信，积极进取。大多数村干部有明确的目标，同时对未来充满信心。第二，敬业奉献，坚韧耐挫。当村干部面对问题和困难时，他们能够通过不断学习，冷静地寻求解决方法，村干部的心理韧性普遍较高。第三，为人处世，从容智慧。村干部大多数具有较好的表达能力和沟通能力，能够建立良好的人际关系，与领导和同事相处融洽。第四，善良宽容，责任担当。大部分村干部会平等地对待每一个人，正确看待批评与自我批评，不会对给自己提意见的人耿耿于怀。

由此可见，村干部群体自我认同感强，对当前的社会地位较为满意，有善良与宽容的优秀品质以及较强的社会责任感、尊严感、价值感。

(二) 影响村干部心理问题产生的因素

村干部扎根基层，长期在一线工作，在实际工作中承受着各种心理压力，心理健康问题随之而来。有的因为长期超负荷工作，精力严重透支，身心极度疲惫；有的因为日益严格的问责，担心出问题、受追究，精神高度紧张；有的做事追求完美，而现实中又难以达到理想境地，因此感到苦闷、焦虑；有的则对"进步"预期较高，而职务升迁难遂心愿，因此失望、焦躁情绪随之而来；还有的因为周围人际关系不协调，身在其中却难以应对；等等。影响村干部心理问题产生的因素具体来说包括以下几个方面：

1. 日常工作任务多、责任重

作为村干部，日常工作事务繁多，各类事务千头万绪，这些事务往往涉及村里百姓的利益，处理起来需要更强的责任心，这会导致部分村干部感到压力大，进而产生消极与焦虑心态。

在日常乡村管理工作中，上级各业务职能部门会给村干部布置一系列的工作，村干部在执行过程中，会面对村里形形色色的人及方方面面的具体事务。"上面千条线，下面一根针。"多数村干部日常超负荷工作，他们要执行组织创卫、综合治理、组织宣传、党政建设、维护稳定以及迎接各类检查等基层工作，每个岗位的人员都对应多项业务，责任大、业务多、担子重，时间长了就容易产生心理疲劳、焦虑以及心理失衡、压抑等各种不同的心理状况，甚至出现记忆力减退、睡眠质量下降、幸福感降低等生理性亚健康或病变的状态。

2. 工资待遇等对村干部的影响

对我国基层农村而言，村干部是最核心的管理和服务主体。与传统意义上的国家公务员相比，村干部的性质和职责有所不同，他们具有非干部身份、非编制人员、非脱离生产等独特特征。他们在工资待遇、社会保障方面都需要更加科学的激励政策。由于我国各地经济发展不均衡，村干部的待遇与社会保障也不同，当地政府需要专业化管理工资，确保村干部绩效考核工作与薪酬科学挂钩。同时，在培训、晋升、监督方面进行全方位多元化评估，给予村干部合理的生活保障，避免他们因工资待遇问题而产生焦虑、失落等心理压力。

3. 家庭生活对村干部的影响

村干部也是有正常家庭生活的，有些村干部生活和工作不能达到平衡、对家庭投入精力与时间不够……这些情况会影响他们日常的生活质量。

家庭是社会组织的基本单位，是个人赖以开展各种活动的基本依托，是诸多社会矛盾的起点。有的村干部日常投入工作的精力和时间多，无暇顾及自己的家庭，久而久之，他们与伴侣、孩子及老人之间产生一些问题，他们的家庭表现出对其工作的不理解和不支持。家庭关系不顺畅，会影响村干部的工作积极性，导致村干部产生各种心理压力和问题。

村干部尤其是年轻村干部，由于工作经验不足，以及在处理日常事务中面临较为复杂的人际关系等，也会将负面情绪带入其家庭和生活，给家庭和生活带来焦虑与压力。村干部因为基层事务性工作繁多、压力大、时间少、收入不高等因素，也容易导致其在恋爱、结婚、养育子女等方面产生一系列难题，这些难题反过来又会增加其心理压力。

4. 村干部个人兴趣培养与长期发展规划带来的压力

村干部尤其是年轻村干部还面临个人发展及长期职业规划方面带来的压力。日常培养个人兴趣发展的时间与精力缺乏，同时在其职级待遇提升即长期职业发展规划方面，长期达不到自身发展预期，职务晋升相对比较困难等情况也影响了村干部的心理健康质量。缺乏良好的竞争机制、职务上升的空间有限已成为损害村干部心理健康的重要因素之一。

5. 不断提高的能力要求对村干部群体的心理影响

随着乡村振兴工作的不断深入，村干部面临着层出不穷的新问题、新情况、新矛盾，这些问题、情况、矛盾对村干部自身的知识体系、能力素质也提出了更高的要求。目前，国家倡导乡村振兴，推动了电子商务进农村、信息进村入户、为农服务中心建设等一系列乡村振兴工程的开展。基层村干部，需要掌握互联网、信息、人才、产业、科技创新等很多新领域的技能，但很多村干部的能力已经跟不上业务服务的相应要求。

一些村干部不重视加强学习，逐渐在工作中出现了"本领恐慌"和"能力危机"，面对新的工作任务，他们自然感到"胆战心惊""如履薄冰"。这些情绪若得不到及时调适，村干部就容易出现各种心理健康问题，表现出心理焦躁、易怒、失眠，与人交往心存戒备，工作拖沓，顾虑重重，甚至对生活失去信心、出现躯体病症等。

6. 职务晋升的竞争压力加剧

对于很多村干部而言，自身价值往往是通过职务的晋升来体现的，很多人为了能够争取到期望中的职位而不断努力，随之心理也承受着越来越重的压力。同时，干部队伍结构呈"金字塔形"，干部晋升的渠道越往上越窄，事业的成功往往存在着很大的不确定性。不少村干部感到困惑，自己的各项能力都不错，为什么一直不能被提拔。职务晋升的竞争压力很容易使村干部长期处于焦虑中，累积诸多心理健康问题。

7. 对心理健康重视不够

很多村干部对心理健康知识了解甚少，认为患了心理疾病是很丢人的事，出现心理问题时往往不愿意到专业心理机构进行咨询或治疗，甚至担心自己的职位不保或者受到上级、同事的另眼看待，于是他们心里不舒服也只能自己闷在心里；部分村干部在工作和生活中过分克制、忍耐，认为心理问题是个人能力欠缺造成的，不注意宣泄和释放自己的不良情绪；少数村干部也知道心理健康的重要性，但苦于找不到合适的途径自我调节，心理压力不能及时释放，日积月累导致心理疾病甚至躯体病症。

8. 其他影响村干部心理健康的因素

（1）工作任务重，问责压力大

村干部不仅负责一个村的综合治理、经济发展、公益事业等，还需要对应上级多个业务部门下达的指标任务、业务工作，还要负责省市级乃至国家级的乡村振兴重点项目具体工作的落地。他们的工作职责较重，权力相对有限，检查、督查、考评等各项工作层出不穷，村干部心理压力倍增，他们时常感觉身心疲惫。

（2）来自工作的各种人情与人际关系，群众的不理解

村干部重视各方面的沟通、平衡、协调和应酬，重视构建与周围人的人际关系。迎来送往、四处结缘已成为村干部典型的生活特征，而且随着交往的人群和接触的范围变宽变广，村干部要抵制来自金钱利益等多方面的诱惑，还要面对来自各方面的社会舆论、社会反响、社会评价的无形压力。村干部在处理乡村事务时还会遇到群众不理解、沟通渠道不畅通的情况。上述情况如果处理不当，会使一些村干部处于心理疲劳甚至心理恐慌的状态。

（3）村干部缺少自我心理疏导的有效方法

能有效进行自我心理疏导和心理素质能力提升的方法有很多。例如，通过积极心

理学、神经语言程序 NLP 等应用心理学多层面、多角度看待自己与事务性问题，由专业咨询师或教练进行心理辅导等。但由于日常事务繁重，大部分村干部不知道自我心理疏导的有效方法，或者自学各种非科学方法无效，直接加重了心理抑郁、焦虑状况，降低了心理健康水平。

（三）村干部心理健康状况直接影响其工作状态

村干部身处乡村振兴一线，其身心健康对能否发挥好乡村振兴的主力军作用十分重要。当村干部长期心理健康状况欠佳，他们在工作过程中就表现出无力感、职业倦怠感等，实际工作状态就会受影响。

1. 委屈感、无力感和无助感

对临时性任务的不可预知、对任务完成过程的不可控制、要对结果负责的刚性要求等引起村干部的无力感和无助感。尤其是尽责还要被问责时，更是增加了他们的委屈感。有时一个村干部被问责，会使一批村干部产生委屈、无力、无助等心理感受。

2. 身心疲惫感

有的村干部长期处于应激状态，生理、心理的持续紧张得不到舒缓，身心逐渐进入疲态，突出表现为：身体乏力和难以消除的疲惫感；出现不同程度的失眠问题；消化不良、胃溃疡、高血压、心脏病等躯体化疾病多发；紧张、焦虑、烦躁、易怒等情绪症状；情绪低落、兴趣减退、强迫行为等心理行为问题；焦虑症、抑郁症、过劳导致猝死等极端个案发生；等等。这些身心亚健康的症状，严重影响了村干部的身体感受和心理感受，进而影响工作效率。

3. 职业倦怠感

在村干部队伍中，一定程度的存在职业倦怠的现象，这既影响村干部的工作状态，也影响其心理感受。村干部的职业倦怠感突出地表现为：工作热情减退，工作积极性不高；工作过程中的个人价值感和成就感降低，对自身及职业的认可度降低，工作满意度降低；情感透支和损耗严重，对人对事缺乏热情，经常感到沮丧、无奈、无助和无望；工作的主动性和责任心减退，对工作流于形式、疲于应付、得过且过；对工作的积极心理期待减少，对职务晋升等不抱期待，逃避或拒绝被提拔等。

三、村干部积极心理建设的意义

党中央高度重视干部心理建设工作，习近平总书记多次强调"要真情关爱干部"，"关注身心健康"。我们要正确认识村干部积极心理建设的重要性，树立科学的心理健康观念，提高村干部正确应对各种心理问题的能力，提升村干部心理免疫力，只有这样才能培养出具有健康心态的村干部群体。通过科学的心理健康指导与积极心理建设，具备健康心理状态和乡村治理工作能力的村干部一定能够担当起党和人民赋予的神圣职责，促进乡村振兴事业的蓬勃健康发展。

（一）村干部健康的心理素质是构建和谐社会和实现乡村振兴全面发展的重要内容

构建和谐社会是党中央的战略举措，村干部是贯彻落实党和国家政策方针的最基层执行者，村干部进行积极自我心理建设，保持心理健康，不仅能树立正确的价值取向、提升自我调适能力、培育健康政治心态，还具有全民积极心态的辐射和引领作用，为社会的和谐、稳定、团结发展奠定重要心态基础。

（二）健康的心理是村干部积极投身乡村振兴、提高工作效能的前提

健康的心理素质是保证村干部决策正确、工作正常运转的前提。从领导科学的角度看，一项高效率的工作往往是科学、艺术、技巧和人的某些心理属性的结合。对村干部而言，领导就是使村民们心甘情愿地为实现既定目标而努力，并对他们施加影响的活动过程。健康、有效的心理影响、暗示，可以使双方乐意、热情并信心十足地投入到工作中，从而取得最佳的工作效果。

（三）村干部的健康心理可以扩大自身感染力、增强对群众的凝聚力

村干部进行积极自我心理建设，保持积极阳光、淡定从容、平和自然的健康心态，能够增加自身的亲和力、吸引力和感染力，进而增强对群众的凝聚力、感召力和向心力，提升他们的社会认可度、信任度和威信度。

（四）村干部的健康心理可以提高自身的健康与幸福指数

村干部进行积极自我心理建设，始终保持一种积极的、建设性的心态，知难而进，永不退缩，恰当地管理自己的情绪，构建良好的人际关系，在机遇、挑战、危机、困惑面前有良好的适应性，不断取得事业的成功，体验人生的乐趣，更能有效提升自身的健康与幸福指数。

附 件

村干部心理素质与建设调查问卷

为提升村干部心理素质水平，为村干部心理建设提出更加科学、有效的对策建议，特通过此调查问卷了解村干部心理健康状况及心理素质水平。本次问卷为匿名调查，仅供学术研究使用，请如实填写，谢谢您的配合！

1. 您的性别：
〇男
〇女

2. 您的年龄：

①30 岁以下 ②31—40 岁

③41—50 岁 ④51 岁以上

3. 您的文化程度：

①高中和中专、职高及以下 ②大专

③本科 ④研究生及以上

4. 您的工作单位属于：

①县机关事业单位 ②乡镇

③村、社区 ④企业

5. 您认为加强领导干部心理素质建设的重要性是怎样的？

①很重要 ②比较重要

③可有可无 ④不重要

6. 您是否感到嗜睡、倦怠、无力、注意力不易集中、健忘？

①经常 ②有时

③偶尔 ④从不

7. 您是否感到紧张、心情烦躁、不踏实？

①经常 ②有时

③偶尔 ④从不

8. 您是否感到郁闷、空虚、兴致低落？

①经常 ②有时

③偶尔 ④从不

9. 您是否会控制不住脾气，与人争论，容易激动？

①经常 ②有时

③偶尔 ④从不

10. 您是否觉得别人对自己不友好、不支持、不重视，感情容易受到伤害，而对别人进行责备？

①经常 ②有时

③偶尔 ④从不

11. 村干部压力大甚至出现心理问题的最主要原因是：

①工作压力 ②社会环境压力

③生活压力 ④自身心理素质不足

⑤体制机制因素

12. 您对您目前工作压力程度的评价是:

①压力很大 ②压力较大

③一般 ④有点压力

⑤没有压力

13. 您拥有良好的睡眠吗?

①从不失眠 ②偶尔失眠

③经常失眠

14. 您平均每天工作的时间:

①8小时以内 ②10小时以内

③10—12小时 ④12小时以上

15. 您预计今后您面临的工作压力会如何变化?

①大幅度增加 ②有所增加

③没变化 ④有所减小

⑤大幅度减小

16. 您认为今后您的个人发展机会将如何?

①很好 ②较好

③一般 ④较差

⑤很差

17. 您与所在单位领导班子成员相处得如何?

①关系融洽 ②关系一般

③关系紧张 ④不了解

18. 您对您面临的社会环境压力的评价是:

①压力很大 ②压力较大

③一般 ④有点压力

⑤没有压力

19. 预计今后您面临的社会环境压力会如何变化?

①大幅度增加 ②有所增加

③没变化 ④有所减小

⑤大幅度减小

20. 您认为是否有必要了解心理健康知识?

①很有必要 ②比较有必要

③无所谓 ④根本没必要

21. 您认为当前对村干部的心理健康问题重视程度如何？
①很重视　　　　　　　　　　②比较重视
③一般　　　　　　　　　　　④不太重视
⑤不重视

22. 您认为村干部的心理健康问题是否应该引起重视？
①很应该　　　　　　　　　　②比较应该
③无所谓　　　　　　　　　　④不太应该
⑤不应该

23. 您对心理健康和心理调适方面的知识：
①完全了解　　　　　　　　　②基本了解
③略知一二　　　　　　　　　④一无所知

24. 您对自己业余生活质量的评价是：
①很充实　　　　　　　　　　②比较充实
③一般　　　　　　　　　　　④有点无聊
⑤很无聊　　　　　　　　　　⑥几乎没有业余生活

25. 您认为在村干部考察时引入"心理素质测评"有必要吗？
①很有必要　　　　　　　　　②比较有必要
③无所谓　　　　　　　　　　④不太必要
⑤没必要

26. 您认为考察村干部心理素质最需要考察的是：
①情绪状态　　　　　　　　　②人际关系
③行为态度　　　　　　　　　④人格意志
⑤其他

27. 您认为考察村干部心理素质最有效的方法是：
①民主测评　　　　　　　　　②个别座谈
③社会征询　　　　　　　　　④心理测试

28. 您之前接受过心理健康调查吗？
①有　　　　　　　　　　　　②没有

29. 您之前接受过专业的心理测试吗？
①有　　　　　　　　　　　　②没有

30. 给您现阶段工作中的自己打个分，如果完美的工作表现是100分，那么您给自己打多少分呢？

31. 您认为压力在您的工作、学习和生活中有什么作用？

①没感觉 ②正面影响，会带来动力

③有些负面影响，会影响情绪 ④完全负面影响，无心工作学习

⑤严重负面影响，会影响健康

32. 您的工作压力主要来自以下哪些方面？（可多选）

①能力不适应 ②竞争激烈

③缺少关怀 ④工作任务繁重

⑤职务晋升 ⑥考评问责

⑦待遇问题 ⑧其他工作压力

33. 您对您现在的生活压力评价是：

①压力很大 ②压力较大

③一般 ④有点压力

⑤没有压力

34. 您预计今后您的生活压力会如何变化？

①大幅度增加 ②有所增加

③没变化 ④有所减小

⑤大幅度减小

35. 您的生活压力主要来自以下哪些方面？（可多选）

①夫妻感情问题 ②住房问题

③子女教育问题 ④社会治安问题

⑤收入问题 ⑥医疗问题

⑦生活费用上升 ⑧交通问题

⑨养老问题 ⑩其他生活压力

36. 您的社会环境压力主要来自以下哪些方面？（可多选）

①负面诱惑 ②人际交往

③网络舆论 ④利益调整

⑤矛盾纠纷 ⑥突发事件

⑦其他社会环境压力

37. 您认为导致村干部出现心理问题的自身心理素质因素是：（可多选）

①心理问题重视不够 ②不善于调整心态

③能力不高履职难 ④理想信念弱化

⑤自我期待过高 ⑥其他自身心理因素

38. 您认为形成干部心理压力的主要来源是什么？（可多选）

①家庭生活压力　　　　　　　　　②工作任务压力

③家庭情感或人际交往　　　　　　④职业升迁压力

⑤高压反腐压力　　　　　　　　　⑥社会负面心理影响

⑦重大突发事件　　　　　　　　　⑧网络舆论监督

⑨纠纷案件

39. 您认为导致村干部出现心理问题的体制机制原因是：（可多选）

①缺乏组织关爱　　　　　　　　　②缺少心理健康教育机制

③缺少心理疏通渠道　　　　　　　④考核评价体系不合理

⑤其他体制机制的原因

40. 当您遇到心理压力或心理困扰时，您会选择哪种方式来缓解？（可多选）

①把工作放一放　　　　　　　　　②同领导交流谈心

③向知心朋友诉说　　　　　　　　④跟亲人倾诉

⑤自我调节　　　　　　　　　　　⑥找心理医生疏导

⑦参加文体活动　　　　　　　　　⑧喝酒

⑨憋在心里不说　　　　　　　　　⑩其他缓解压力方式

41. 您认为防止村干部出现心理问题最有效的方法有哪些？（可多选）

①强化心理健康知识培训　　　　　②加强正面思想教育引导

③营造舒心和谐的工作生活环境　　④有效落实干部公休假制度

⑤营造公平公正公开的选人用人环境　⑥及时发现并积极采取措施

⑦改进考核为干部减压　　　　　　⑧平时加强体育锻炼

⑨构建领导干部心理干预机制　　　⑩建立干部队伍心理健康保健专业机构

⑪强化对领导干部心理素质的考核　⑫其他有效方法

42. 您是通过哪些渠道获得心理知识的？（可多选）

①浏览网站　　　　　　　　　　　②书籍或报刊

③教育培训　　　　　　　　　　　④心理医生

⑤没了解过　　　　　　　　　　　⑥其他获取心理知识渠道

43. 您认为村干部应该具备的心理素质是：（选择您认为最应具备的5项）

①坚定执着　　　　　　　　　　　②乐观自信

③沉着果敢　　　　　　　　　　　④情绪稳定

⑤心胸豁达　　　　　　　　　　　⑥心理承受能力强

⑦智慧过人　　　　　　　　　　　⑧其他应具备的心理素质

44. 您认为保持良好的社会心态必须具备：(可多选)

①进取心　　　　　　　　②责任心

③平常心　　　　　　　　④感恩心

⑤包容心　　　　　　　　⑥廉政心

⑦其他应具备的条件

45. 村干部心理健康的标准是：(可多选)

①有和谐的人际关系　　　②拥有稳定而愉快的情绪

③处世乐观　　　　　　　④热爱生活

⑤有较强的环境适应性　　⑥能够自我调适

项目二　村干部自身积极心理建设的体系模型

用严格的科学研究方法，使心理科学和实践重新关注人类的积极心理力量以提升人类的普遍幸福感，活出美好的生活。

——马丁·塞利格曼

学习目标

1. 掌握积极心理学的内涵；
2. 了解积极心理是中华民族的文化基因；
3. 掌握村干部积极心理建设模型和内容。

案例导入

村干部是连接政府与百姓的桥梁，村干部的工作效能和心态直接影响着农村的稳定与发展。近年来，随着国家对基层治理的重视和村民自治的深入推进，拥有良好的心理素质与保持积极的工作态度对村干部来说尤为重要。经过多年的努力，广东省的村干部积极心理建设工作取得一定成绩，其实践措施值得借鉴：开展心理健康培训，提升村干部的心理素质与抗压能力；设立心理咨询服务，为村干部提供心理支持与帮助；建立激励机制，通过表彰、奖励等方式激发村干部的工作积极性；开展团队建设活动，增强村干部之间的沟通与协作能力等。

经过村干部积极心理建设实践，村干部的心理状态得到显著改善，工作积极性和效能明显提高。具体表现如下：

第一，村干部的心理健康水平得到提升，压力应对策略更加成熟。

第二，工作氛围更加和谐，村干部之间的沟通与协作更加顺畅。

第三，村民对村干部的满意度显著提高，基层治理工作得到有力推进。

为了进一步加强村干部积极心理建设，我们需要不断完善和优化村干部积极心理建设模型，让村干部拥有积极进取的人生，为推进国家乡村振兴建设提供有力支撑。

一、积极心理学

(一) 积极心理学的内涵

积极心理学是 20 世纪末首先在美国兴起的一场心理学运动,发起人是美国当代心理学家塞利格曼。它采用科学的原则和方法来研究幸福,倡导心理学的积极取向,研究人类的积极心理品质,关注人类的健康幸福与和谐发展,挖掘人的优点和潜能。

这一学科的提出,不仅拓展了心理学的研究领域,更对全球的心理健康和社会发展产生了深远影响。特别是在农村基层,积极心理学的理念和实践为改善村干部的工作能力和领导能力提供了新的思路和方法。

对村干部进行积极心理教育旨在培养村干部的积极品格及创造幸福人生的能力,积极心理教育不仅关注村干部的学习工作技能提升,还注重培育他们健全的人格品质,提升他们的情绪管理、人际交往、生活投入、建构意义等核心能力,并帮助村干部追求有价值、有意义的幸福人生。

(二) 积极心理学的由来和发展

心理学从诞生之日起,就肩负着三项重要使命:其一,治疗精神或心理疾病;其二,帮助人们追求幸福;其三,识别与培养天赋。

但第二次世界大战之后,心理学的研究重心开始发生偏移,更多地关注第一项使命,逐渐忽视了其他使命。心理学俨然成为一种偏向问题、流于消极的学科。很多心理学家对各种精神疾病的治疗更感兴趣,以至于不知道怎样帮助正常人在良好的条件下获得自己应有的幸福。甚至一提到心理学,很多人想到的都是病态、抑郁、自闭等,而很少谈到健康、勇气和爱,人们认为这些词和心理学无关。在很多人的知识体系里,心理学就是帮助解决人们精神方面疾病的学科,正常人是不需要找心理医生的。这些都是受到消极心理学的影响。一个多世纪以来,似乎大多数心理学家的任务就是理解和解释人类的消极情绪和行为。

但是,没有心理问题不能和心理健康画等号。现代社会,人们的物质生活变得越来越好,但越来越多的人却感受不到生活的幸福,负面心理层出不穷,如精神空虚、孤独、抑郁、自闭、信任危机等。这些状况迫使心理学研究者开始反思传统心理学存在的问题,开始重视心理学的另外两项使命。他们认识到,心理学应该重归本来的研究主题,即使一切生命过得更有意义;应该研究人类的积极品质,关注人类的生存与发展,用一种更开放的、更具欣赏性的眼光去看人类的潜能、勇气、品质、动机、期望和能力等。这就是积极心理学产生的现实背景。

积极心理学源于 20 世纪末,其发展可以追溯至马斯洛的人类需求层次理论和罗杰斯的人本主义理论。马斯洛的人类需求层次理论提出了人的基本需求是多元化的,并且包括了自我实现和幸福感。接着，罗杰斯的人本主义理论又强调了人的内在价值和潜力，主张以个人为中心，尊重和促进人的自我实现。而积极心理学的真正奠基人是美国心理协会主席马丁·塞利格曼，他于1998年提出了积极心理学这一概念，并对其进行了系统研究和发展。随后，越来越多的心理学家和研究者积极投身于这一领域，并取得了丰富的理论和实证研究成果。

积极心理学研究的问题包括以下三大类：

第一，在主观层面上，积极心理学研究积极的情感体验。例如幸福、快乐、希望、乐观、流畅，以及满足、满意等。其中，主观幸福感是研究重点。

第二，在个人层面上，积极心理学研究积极的个人特质形成优秀的心理品质，开发智慧和创造力。如积极的人格、爱的能力、积极的人际关系、审美体验、宽容、坚持、天才、智慧和灵性等。其中，积极的人格是研究重点。

第三，在群体层面上，研究积极的社会组织系统，创造良好的社会环境促使个体发挥其人性中的积极品质。例如责任、关爱、文明、自制力、容忍力，以及职业道德。

积极心理学第一次将幸福纳入科学的领域进行研究，科学家们研究和发现了个体幸福的基本规律，科学实验验证了一系列提高个人幸福感的方法和技术，同时研究个人幸福感的提升对组织绩效的贡献，以及建造幸福组织的方法。

（三）积极心理学与传统心理学的区别

如果说传统心理学研究的重心在于如何从"-1"到"0"，那么，积极心理学关注的重点就在于如何帮助人从"0"到"1"。

表1.2-1 传统心理学和积极心理学的区别

	关注点	研究方向	研究重点	研究方法	干预方法
传统心理学	人的心理疾病	心理障碍、愤怒、焦虑、抑郁、变态心理	如何克服人的弱点与不足，减轻人的焦虑情绪，帮助人更好地面对痛苦	实验研究和问卷调查等定量方法来收集和分析数据	侧重于治疗和缓解心理问题，如心理疾病和心理障碍
积极心理学	人的健康模式	幸福、爱、心理韧性、美德与优势、心理健康水平	发现与运用人的潜在优势，找到意义与价值，过上幸福丰富的人生	质性研究方法，如深度访谈和个案研究等，以了解个体的内心世界和体验	采用积极干预措施，如心理咨询和心理教育，帮助个体培养积极心理特质和提升幸福感

综上所述，积极心理学和传统心理学在研究对象、研究方法和干预方法上存在差异，但也存在一定的联系和互补关系。传统心理学的研究成果为积极心理学的发展提供了基础和支持，而积极心理学的研究成果也为心理学领域带来了新的视角和研究方向，有助于提高个体的幸福感和生活质量。

二、积极心理是中华民族的文化基因

中国传统文化博大精深，其中蕴含的积极心理学思想源远流长，如儒家安贫乐道的生命观，孟子的"仁、义、礼"的人格观，老子的"祸福无门，唯人所召"的处世观等，这些思想强调人的内在美德、道德修养、和谐人际关系以及积极的生活态度，与现代积极心理学的理念不谋而合。可以说，积极心理学是中华民族的文化基因之一。

首先，中国传统文化中的"仁爱"思想体现了积极心理学的核心价值。儒家思想认为，"仁者爱人"，即每个人都应该具备对他人的关爱和尊重。这种思想鼓励人们关注他人的福祉，培养同理心和互助精神，从而促进社会的和谐与进步。在积极心理学中，仁爱被视为一种积极的心理品质，有助于增强个体和社会的幸福感。

其次，中国传统文化中的"中庸"思想强调了平衡和谐的重要性。中庸之道提倡在面对生活中的挑战时，保持适度的态度，既不过于悲观消极，也不盲目乐观。这种思想的积极心理学解释是个体在面对压力和逆境时，能够采取积极的应对策略，保持心理平衡，从而更好地应对生活中的困难和挑战。

最后，中国传统文化中的"自强不息"精神也是积极心理学的重要体现。这种精神鼓励人们在面对困难时保持积极进取的态度，努力克服困难并取得成功。积极心理学也认为，个体的积极态度和行为对心理健康和幸福感有重要作用。

中国传统文化中的积极思想为积极心理学的发展提供了丰富的文化土壤，所以在中国，积极心理学是具有本土化特色的。这些思想不仅有助于个体心理健康的发展，也有助于促进中华民族的文化自信，构建幸福和谐安定的社会环境。

三、村干部自身积极心理建设模型和内容

心理建设是村干部在参与乡村振兴的工作和学习生活中的一项重要任务。通过积极的思维、情感和体验，村干部能够建构自己的心理世界和意义体系，为自我发展和幸福感奠定坚实基础。

图1.2-1 村干部积极心理建设——幸福"5+1"模型

（一）积极心理建设模型

积极心理学之父塞利格曼教授认为，蓬勃人生取决于五个元素：积极情绪、积极关系、积极投入、积极成就和积极意义。而本书根据村干部工作实践，在这五个元素基础上增加了积极自我，构建了村干部自身积极心理建设——幸福"5+1"模型。

（二）村干部积极心理建设内容

心理建设是指个体通过思考、感受和经历来构筑其内在世界，它影响着个体的自我认知、情绪调节、人际关系和对生活意义的感知。心理建设不仅有助于提高村干部的心理健康水平和工作生活质量，更有利于构建和谐社会和实现乡村振兴的全面发展。

1. 积极自我

自我认知：了解自己的美德品质、价值和潜力，并接纳自己的不足。培养自信心和自尊心，相信自己能够应对生活中的挑战。

积极思考：积极的思维模式是心理建设的基石。关注事情积极的方面，寻找问题的解决方案，培养乐观的态度，将失败和困难视为学习和成长的机会，相信一切困难都有解决的办法。

感恩心态：培养感恩之心，关注生活中的美好和值得珍惜的事物。每天记录下令自己感激的事情，增强内心的满足感和幸福感。

2. 积极情绪

积极情绪指的是对生活积极、愉悦、满足的情感体验和感受，如喜悦、关爱、希望、感激等。积极情绪有利于村干部的心理和身体健康，有助于其更好地适应环境。

情绪识别：学会识别和理解自己的情绪，认识到情绪的来源和影响。通过正确识别情绪，村干部可以更好地应对情绪波动，并做出适当的反应。

情绪表达：寻找适当的方式来表达自己的情绪，如分享、写日记或进行艺术创作，有效地表达情绪可以减轻内心的压力。

为缓解焦虑与压力，村干部应学会使用情绪调节技巧，如深呼吸、冥想、放松练习等，帮助自己平静内心，减轻焦虑和恐慌。同时，村干部应主动培养自己的情绪调节能力，学会灵活应对各种情绪，以更平和、更积极的方式应对生活中的挑战。

3. 积极关系

培养与他人的人际关系：与领导、同事、家人、朋友等建立良好的关系，分享彼此的喜悦和困扰。积极参与社交活动，寻找支持和理解，与他人共同创建有意义的人际关系。

4. 积极投入

投入指的是完全沉浸在一项吸引人的活动中，投入的过程中时间好像停止，自我意识消失，即废寝忘食，聚精会神。这种境界被称为心流，也翻译成福流。心在流动，感觉停止,这是特别专注于自己熟悉和喜爱的工作时达到的一种幸福酣畅的状态。在中国的传统文化里,福流的最高境界可以被称为"物我两忘、天人合一",当身心融为一体时,福流体会得就越多,人的幸福指数就越高。

5. 积极成就

幸福与成就的关系是双向的。达成有价值的目标有助于提升个体的积极情绪与幸福感。拥有成长性思维的人更加坚毅、内驱,有更强的心理韧性,也更有能力持续努力以实现目标。

6. 积极意义

自我反思:定期审视自己的价值观和目标,思考生活的意义和目的。明确自己的核心价值,为自己的行动和决策提供指引。

设定目标:制定具体、可行的目标,并为实现这些目标制订计划。追求有意义的目标可以给自己带来成就感和满足感。

培养善意和奉献精神:帮助他人,回馈社会,培养善意和奉献精神。通过帮助他人可以找到更重要的生活意义和更多的满足感。

心理建设是一个持续的过程,它需要自己不断努力。通过培养积极的思维模式,管理情感和情绪,丰富生活体验,寻找生活的意义和目标,村干部可以构筑一个强大、有意义和幸福的内在世界。

村干部在快节奏和压力重重的工作中,常常忽视了自己内心世界的建设。然而,只有当内心得到关注和呵护时才能真正实现个人的成长和幸福。因此,村干部在日常生活中应给予自我心理建设足够的重视,不断提升自我意识,培养积极的思维模式,学会管理情绪和情感,寻找愉悦和满足的体验,探索生活的意义和目标……努力建设一个强大而稳固的内心世界,为自己的成长和幸福奠定坚实的基础,为乡村振兴甚至整个社会带来更多的积极能量和价值,与群众共同创造一个充满理解、支持和尊重的和谐社会环境。

模块二　积极自我

　　认识自己是 21 世纪生存最重要的能力。对自己有更清晰和准确认知的人，能够做出更明智的决策。

——塔莎·欧里希

项目一　提升自我价值感

　　你若要喜爱你自己的价值，你就得给世界创造价值。

——歌德

学习目标

1. 了解自我和自我认知方法；
2. 认识自我价值感及其表现；
3. 熟悉提升自我价值感的方法。

案例导入

　　张军是刚刚上任的北田村支部书记，他工作扎实、务实，为人做事沉稳、低调。一天正在开会，一位村民径直闯进来指着张军的鼻子就骂："你们这些当官的就是不作为，高速路要通过，我的地被征用了，可是到现在补偿款还没有到位！村里要你们管什么用？！"张军听后不好意思地说："对不起，这是我们的工作没有做到位！让你着急了！"一旁的村主任着急地对这位村民说："不是不管，款还没有到位呢！你以为我们不着急？"村民离开后村主任问张军："怎么就不解释一下呢？"张军说："老百姓有困难找我们，我们理所当然解决，这是我们应该做的，不需要解释什么。"村主任说："但是我们不解释，老百姓还以为我们不作为！"张军说："我们尽全力做了我们该做的，老百姓暂时不理解，我也能体会他们的心情和感受！我们的工作就是帮百姓做点实事，款项我已向县里再次申请，我们今年的工作重点是……"

当一个人自我价值感高时，从不用种种言语、行为来炫耀表现自己，他相信自己有足够的能力，无论遇到什么事，都能够轻松、心平气和地应对，内心充满力量。

一、自我认知

（一）自我

自我又称自我意识或自我概念，是个体对其存在状态的认知，包括对自己的生理状态、心理状态、人际关系及社会角色的认知。

一个人的自我意识决定其态度和行为。村干部对自己的认知和评价至关重要，积极的自我认知，会让村干部有积极的态度和行为，能够帮助自己更好地面对挑战，克服困难，并实现自身的潜力，提升个人的幸福感和成就感。

（二）乔哈里视窗

乔哈里视窗也被称为"自我意识的发现-反馈模型"，这个理论最初由乔瑟夫和哈里在20世纪50年代提出，被广泛应用于理解和培养自我意识、个人发展、改善沟通、推进人际关系、团队建设、群体间关系。它包括四个区域：公开区、隐藏区、盲目区、封闭区。

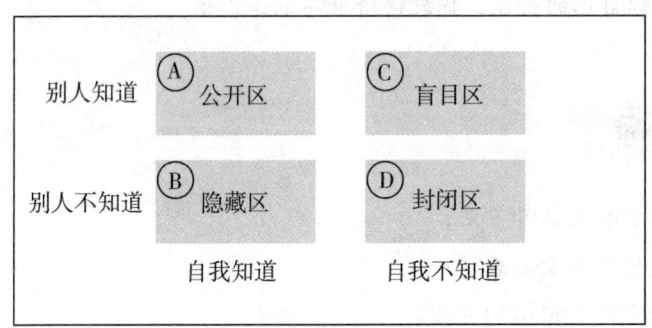

图 2.1-1　乔哈里视窗

1. 公开区

公开区是指我们自己和他人都知道的信息，也就是自我认知和他人认知的重叠部分。在这个区域内，我们的态度、价值观和行为是透明的，能够被他人准确理解。

2. 隐藏区

隐藏区是指我们自己知道但他人不知道的信息，这些是我们选择不向他人透露的个人信息，可能是因为隐私或者害怕他人的评价，比如过去的特殊经历、藏在心底的秘密，等等。

3. 盲目区

盲目区是指我们自己没有意识到但他人认知到的信息，这些是我们不自知的盲点，需要通过他人的反馈来认知。盲目区是一个非常重要的区域，因为他人的反馈可以帮助我们发现自己的盲点和不足之处。

4. 封闭区

封闭区是指我们自己和他人都不知道的信息，也就是我们尚未探索和认识的潜能和未知领域。

二、自我价值感

（一）自我价值感的概念

自我价值感是指个体看重自己，觉得自己的才能和人格受到社会重视，在团体中享有一定的地位和声誉，并收到良好的社会评价时所产生的积极情感体验。通俗地说，自我价值感就是自己对自己的价值高低的体验。

自我价值感是建立积极自我的基础，一般情况下，自我价值感高的人，内心笃定且自信，能够做自己，知道自己要什么，知道自己要做什么，始终相信自己是被爱的，能够为自己的情绪负责，懂得包容、接纳和尊重别人，会从不同角度看待问题，乐于尝试新事物。

（二）自我价值感高低表现

1. 价值感低的村干部特征

自我价值感低的村干部能力普遍较弱，认为自己做这个不行做那个也不行，常常处于一种纠结矛盾中没有主见。

他们做事不自信，攻击性强，看不惯的事物多，害怕别人的指责和否定，觉得自己很差，一无是处，喜欢否定自己。

将自己的价值建立在别人和环境身上，对他人期待高，总是想从外在得到证明的人经常被环境影响和控制。

他们自尊心强，不经意的言语或表情就会伤害到他们。

他们做事情不成熟，容易感情用事，事后又容易后悔。

他们不喜欢冒险和创新，待在熟悉的环境和模式里才感到安全。

2. 价值感高的村干部特征

自我价值感高的村干部相信自己的能力，可以"我的人生我做主"。

他们自信，能够正确评估自己的价值，不卑不亢，不自欺欺人，不妄自菲薄。

他们为自己的情绪负责，能有效管理自己的情绪，不被情绪控制。

他们懂得包容、接纳、尊重别人，不会给别人压力感，更不会过于敏感。

他们能够从不同角度看待问题，允许同一问题有多种答案，保持开放、信任的态度，愿意尝试各种新鲜事物，愿意去冒险。

遇到挫败时，他们能够坦然接受，并允许自己失败。

他们知道只是事情失败了，而自己依然是有价值的。

这类村干部可以结合并对照自己的实际情况做出自我价值感的分析判断并加以调整。

3. 村干部自我价值感提升的意义

（1）自我价值感对村干部心理健康和发展有着重要的影响

研究表明，自我价值感低的人往往更容易产生抑郁、焦虑等心理问题。相反，自我价值感高的人更加自信，能够以积极、乐观的态度面对工作和生活中的挑战和困难，这也是村干部能否胜任领导管理岗位的重要指标之一。

（2）自我价值感对村干部的学习和成长有着深远的影响

当村干部认为自己有价值、有能力时，就更愿意去尝试新的方式和方法，更有动力去学习引领和驾驭农村经济发展的本领与能力，做事情更务实，能够增强自我力量感并提升自我价值感。

（3）自我价值感对村干部的人际关系有着重要的影响

自我价值感低的人往往容易产生自卑、自闭等情绪，这些情绪给他们的人际交往造成阻碍。相反，自我价值感高的人更容易与他人建立良好的人际关系，能够更好地参与社交活动，从而获得更多的社会资源和支持。

（4）自我价值感对国家乡村振兴发展有着广泛的影响

自我价值感高的村干部更有自信心和责任感，国家发展、乡村振兴需要村干部具备高度的责任感，勇于担当、充满激情地干事创业，成为全村百姓可以信赖和依靠的当家人。

三、提升自我价值感的技巧方法

（一）提升自我价值感"五步法"

第一步：了解自我价值的水平

提升自我价值，首先需要了解自我价值的水平，并对照高自我价值感的人的特征和低自我价值感的人的特征，看看自己属于哪种类型。

如果一个人自我价值感较高，会觉得自己是被他人喜欢的，有较好的人际信任与亲密感，也有较高的幸福感；自我价值感偏低，会过于讨好他人，总是害怕他人的不满与拒绝。有些人会表现得过于冷漠，时刻与他人保持距离，这会影响他们与他人建立关系的能力，也会影响他们的人际关系结构。

如果一个人自我价值感高，会对自己、对自己的未来充满信心，也会有一定的追求，遇到挫折时，他可以积极应对，对他人的负面反馈，也可以合理应对；自我价值感偏低的人，会对自己不满，经常采取逃避、放弃的应对策略，对他人的负面反馈比较敏感，总是对未来担心，没有勇气去承担更大的责任，很少为自己设置更高的目标。

第二步：分析自我价值感低的原因

分析自我价值感低的原因是非常有价值的。因为只有了解了自己是哪方面原因造成的自我价值感低，才能从根本上解决这个问题。自我价值感低主要有以下五方面的原因。

(1) 自我认知

自我认知是影响一个人自我价值感的主要因素之一。自我认知包括自我观察和自我评价。如果一个人对自我评价较低，看到的就总是问题。这可能导致他们经常批判自己，挑剔自己，将自己与他人进行对比，过于在乎一些人和事物，觉得自己一无是处，毫无价值，从而导致自我价值感低。

(2) 家庭环境

家庭环境是影响人格形成的重要因素之一。如果一个人在家庭中没有得到足够的关爱和支持，或者曾经遭受过家庭暴力或虐待，那么他在成长过程中很可能会出现自我价值感低的情况。这是因为这些经历会对个人的自尊心产生负面影响，使其感到自己不被重视和尊重，从而导致自我价值感低。

(3) 学校教育

学校教育也是影响自我价值感的因素之一。如果一个人在学校中总是被老师、同学排挤和忽视，或者曾经遭受过欺凌和歧视，那么他在成长过程中很可能会出现自我价值感低的情况。这是因为这些经历会对个人的自尊心产生负面影响，使其感到自己不被认可和接受，从而导致自我价值感低。

(4) 工作压力

工作压力也是影响自我价值感的因素之一。如果一个人在工作中经常遇到各种挫折和困难，或者经常被上司和同事批评和指责，那么他很可能会出现自我价值感低的情况。这是因为这些经历会对个人的自信心产生负面影响，使其感到自己无法胜任工作，从而导致自我价值感低。

(5) 社会评价

社会评价也是影响自我价值感的因素之一。如果一个人经常被外界评价为失败或者不够出色，或者经常受到群体压力和排斥，那么他很可能会出现自我价值感低的情况。这是因为这些经历会对个人的自尊心产生负面影响，使其感到自己不被社会认可和尊重，从而导致自我价值感低。

第三步：改变固有的自我认知

(1) 放下对"对错"的坚持

自我认知与评价没有绝对的对错之分，但是自我认知与评价一旦形成，就会影响我们对自己的感受、影响我们的行为。认知调节的第一个方法，就是将焦点从对错转移到影响上来，去分析不同自我认知与评价所造成的影响，然后选择对自己有利的认知与评价，并且通过各种证据证明坚持这种有利认知评价是合理的。

（2）调整负面关注的方式

自我价值感低的人总是关注自己表现不好的方面，很少关注自己表现好的方面。每当想到自己的不足时，就多去想一想自己的优点。如果条件允许，可以将自己的优点写出来，前期可以要求自己看到自己的一个缺点时一定要再找两个、甚至多个优点。这个看起来很简单的练习对提升自我价值是非常有帮助的。

第四步：提高自我能力

前面的方法是从改变自我认知与关注方式出发的，从整体上提升自我价值，让我们对自己感觉好一点。但是这些方式并不能提升我们的能力，要让自己真正有信心、心里有底，我们还需要通过各种机会实实在在提升自己的能力，让自己在从事各项工作时做到切切实实心里有底，这样才能长期保持较高的自我价值感。

这里需要特别注意的是，一个自我价值感低的人是不敢轻易尝试的，同时他们也失去了学习的机会，长此以往，他们的能力得不到提高。所以，当对自己没有信心的时候，多思考一下低自我评价带给自己的影响，这些评价是在成长过程中形成的，不一定是客观正确的，然后坚持去尝试，学习新的本领，只要尝试得多了，能力就会慢慢得到提高。

第五步：学会自我接纳

提高能力可以提升在具体任务上的自我效能，可以为自我价值提供坚实依据。但是，就算我们再努力，也不可能在所有方面都提升，此时我们应该学会自我接纳。自我接纳需要考虑两个方面：一是接纳无法改变的；二是接纳成长与改变的过程。

总有一些能力是我们无法提升和改变的，需要我们坦然接纳。如果这些能力的不足确实给我们带来一些负面影响，我们可以提前做好准备。

接纳前后的区别在于：接纳之前，我们头脑里有一个严格的评价标准，只要不符合这个标准，就觉得自己没有做好，下意识地想要去改变；接纳之后，我们重新考虑了所谓的标准，允许自己存在不符合标准的行为，即使没有做到，也坦然接受，不给自己压力且不要自责。

自我接纳就是接纳成长与改变的过程。任何的改变都需要时间，尤其是很多人的低自我价值模式已经持续了很久，改变这种模式更需要一个长时间的过程。我们给自己的压力，一方面来源于认为自我表现不好，另一方面也来源于对自我成长进度不满。我们要知道给自己过多压力，对成长没有任何帮助，反倒让自己不开心，更容易陷入原来的自责模式中，所以需要自我接纳。既要接纳自己的现状，即接纳自己不好的方面，更要接纳自己成长与改变的过程。

（二）提升自我价值感——"安全地冥想"

内在安全感强的人拥有自信，相信自我能力，做什么事都非常沉稳。内在安全感强是提升自我价值感的前提和基础。所以，找到内在安全感是非常重要的。"安全地冥想"的目的就是让人感受到内在的安全，不仅在理智上明白，还要从潜意识、情绪与身体上感受到。

安全地冥想引导词：

找一个安静的地方，让自己全然地放松下来。想象一个你觉得安全的地方。这个地方不一定要多完美，也不一定是一个物理空间，它可能是你记忆中的某个地方，你曾经的旅游地，或者是你梦到过的某个地方；你也可以在脑海里创造一个象征性的空间。在这个安全之地，你是坐着、站着还是躺着？或许你正漫步其中，也可能正在进行某项活动。可能只有你一个人，也可能还有其他人陪伴。或许你的宠物或者一只动物正在你身边。向四周看看，你会看到什么？注意映入你眼帘的一切，包括色彩、形状、物体、植物等。然后，把注意力放在耳朵上，倾听周围的声音，包括静默之声。注意这些声音，它们可能离你很远，或许就在你身边，可能洪大，也可能低微。现在，想一想你在这里可能会闻到什么样的气味。身处这个安全之地，注意一下你身体上的愉悦感受。感受脚下坚实的大地或者任何支撑着你的东西，周围的温度，空气的细微流动，任何你能够触摸到的东西。让你自己深深地沉浸在所见、所闻、所感中。

你可以在这里逗留一段时间，全然地享受这种平静与安宁。

现在，身处这个平静安全之地，你可以给这个地方取个名字；可以说一个词语，或者是一句话，任何时候，只要想起这个名字，你就能回到这个安全之地。你可以随时离开这里，不要闭眼，让周围的环境留在你的心里，看看这种平静的感受是否在你回到日常生活后还能被继续保留下来。

（三）提升自我价值感——"积极自我对话"

积极的自我对话就是指在内心深处对自己说的话。通过使用积极的、鼓励性的语言，我们可以帮助自己保持乐观、提高自信心并激发内心的动力。如何做呢？

1. 用积极的语言代替消极的语言

当我们发现自己在使用消极的语言时，要立即停下来，并用积极的语言来代替。例如，当我觉得自己"太笨了"时，我会用"我正在学习新的东西"来代替。这样做可以帮助我们转变思维方式，从消极变为积极。

2. 告诉自己"我能行"

告诉自己"我能行"是一种非常有效的自我激励方法。通过在内心深处不断地鼓励自己，我们会变得更加自信并且更有动力去完成任务。告诉自己"我能行"可以帮助我们克服困难、实现目标。

3. 用"我要……"代替"我不……"

当我们使用"我不行""我不能"等否定词语时，会给自己传递负面信息，从而削弱自己的动力和信心。相反，如果我们使用"我要""我一定要"等肯定词语时，会传递给自己正面信息，从而激发内心的动力和信心。例如，当我们想说"我不擅长网络工作"时，可以改为说"我要努力学习网络工作"。

应用练习

一名村干部，不仅要活出自我，绽放自己，同时也要影响他人，鼓励他人成为他们自己，从而过上幸福的生活。

你可以想象一下，未来最好的自己可能是什么样子的？你想从生活中得到什么？5年、10年或15年后，你认为自己会在哪里？

允许自己有大的梦想，然后设定小目标来实现那些大梦想。当你实现这些小目标时，你会对自己的能力和技能产生积极的想法，这些想法有助于你积极地自我对话。然后将这些想法画下来或写下来！

如果你一直都在失败，告诉自己，放弃一些梦想并接受新的梦想是可以的。你的生命属于你，允许自己去追随梦想，去做那些实现梦想的事情。尊重并欣赏你自己和你不断尝试的能力。

知识延伸

自我价值感的形成

自我价值感在我们每个人的生命中都起着至关重要的作用。它不仅影响着我们的情感状态和幸福感受，还塑造着我们的人际关系、职业生涯，在我们的生活中发挥着关键作用。但是，自我价值感并非与生俱来的，它是一个在生活中不断形成和演化的心理特征。

第一，童年经历。

童年时期的经历对自我价值感的形成起着至关重要的作用。父母、监护人和其他关键人物的反应和互动方式，以及童年时期的教育环境，都会对一个人自我价值感的形成产生深远的影响。正面的支持和鼓励有助于培养积极的自我价值感，而负面的经历可能导致自我怀疑和负面的自我认知。

第二，社会比较。

社会比较是另一个塑造自我价值感的重要因素。个体往往会将自己与他人进行比较，特别是在社交媒体时代。这种比较可能导致自我评价的波动，因为人们往往将自己与那些看似更成功或更幸福的人进行比较。这种比较有时可能会损害自我价值感，因此需要谨慎对待。

第三，成就和认可。

个体的成就和获得认可也对自我价值感有显著影响。当一个人取得成功、实现目标或受到他人的赞誉时，他们的自我价值感通常会得到提升。然而，过度依赖外部认可可能导致自我价值感的不稳定，因此内在的自我价值感是至关重要的。

第四，自我对话。

个体的内在自我对话和思维方式对自我价值感的塑造和维护起着关键作用。积极的自我对话可以帮助个体建立自信和积极的自我认知，而负面的自我对话则可能导致自我怀疑和负面情感的产生。

项目二　发挥美德与品格优势

美好的生活来自每一天都应用你的突出优势，有意义的生活还要加上一个条件——将这些优势用于增加知识、力量和美德上。

——马丁·塞利格曼

学习目标

1. 了解美德与品格优势的内容；
2. 掌握和应用发挥美德与品格优势的方法和技巧；
3. 了解自己拥有的美德与品格优势。

案例导入

平化村是远近闻名的富裕村，之所以富裕，是因为平化村村委会的牛主任大力引进资金和技术，带领广大村民发展乡村旅游和农产品加工等。不过，牛主任有个牛脾气，遇到一些事情的时候脑筋不会转弯，一牛到底。有些人说他不通人情，但也有很多人感激他，说他真诚、务实，为村里百姓做了很多实事好事，是个好干部。

一次，牛主任的爱人打电话说家里有急事，说完话就挂断电话，牛主任只好急匆匆赶回家，只见自己的亲姐姐坐在家里哭哭啼啼。牛主任一看就明白了，前几天罐头加工厂招聘办公室主任，这个职位待遇优厚、应聘者众多，姐姐家的儿子去应聘，想通过牛主任的关系给罐头加工厂打个招呼，可是牛主任拒绝了姐姐的请求，希望孩子能凭自己的能力竞聘。没想到姐姐为此事跑到家里闹，哭诉弟弟六亲不认。还有一次，村里有块地要开发成旅游基地，参与投标开发的公司有5家，他们都想找办法接近牛主任，但牛主任不为"各种接近"所动，这些公司没办法只好作罢。

牛主任是一个公正严明的人，深受百姓爱戴和尊重，也正是公正的美德，才使得牛主任带领全村走向繁荣富足。

美德和品格优势是我们获得幸福感最基础的来源。马丁·塞利格曼和彼得森研究了全世界跨3000年的历史和文化，发现全世界的文明都推崇智慧、勇气、仁爱、公正、节制与超越这六项美德。而每一项美德下面对应3—5个优势，总共是24项品格优势。心理学家认为，品格优势是有价值的、值得社会提倡的，也是可测量的、可后天训练习得的。

一、美德与品格优势

（一）美德

美德是个体稳定的、积极的心理特质，是一种人类普遍认同与赞赏的品质，也是社会进步的重要推动力量。尽管世界各国的美德具有一定差异，但其内蕴的精神力量却是全人类普遍向往的。

我国传统文化中的美德是指美好高尚的品德，是个体长期从内产生的力量。如《康熙字典》就将"德"诠释为"善美正大光明纯懿之称也"。美德在我国从古至今都被认为是品格优势。"六经"提出了"敬德""修德"的思想，孔子提出"仁爱"，老子认为"上善若水"，孟子提出"仁政"思想，等等。

（二）品格优势

1. 品格优势的内涵

品格优势是一种积极的人格特质，通过个体的认知、情感和行为进行反映，是个体在具体实践中获得美德的心理过程与机制。

积极心理学之父马丁·塞利格曼在尊重"完整人"的基础上，提出了智慧、勇气、仁爱、公正、节制与超越六大美德，以及24种品格优势。他认为，社会个体一般都拥有多种品格优势，通过品格优势分析，可帮助个体更准确、全面地认知自我，提高个体的满意度、幸福感等，有助于促进个体自我发展。

美德是积极心理学提出的人类共同具有的品格优势，对提高个体的思想道德品质具有重要意义。发挥品格优势可以激发人的潜能，提升人的内驱力，在不断创新中将自身能力发展到极致；发挥品格优势会让人更容易投入工作，获得更多的参与感与被认同感；发挥品格优势会减轻人的压力，提高人的乐观水平，减少焦虑、抑郁等情绪危险；发挥品格优势会让人产生积极情绪，从而获得幸福的感觉。

2. 品格优势的特点

品格优势必须是普遍存在的，被世界上大多数文化认可的。

品格优势使人感到满足和充实，使人感到生活上的完善、满意和幸福。

品格优势是有道德价值的，它们自身是得到重视和珍惜的，而且它们是达到目的的手段。

品格优势的特性是拥有这一品格优势的人不贬低不具备这些品格优势的人，而且只受到钦佩而不招惹嫉妒。

品格优势有其不恰当的对立面，有明显的带有负面含义的反义词性。

品格优势都近似个人品格，就像一个人的品格一样有概括性和稳定性。

品格优势是可衡量的，研究者曾把它们当作个体差异加以研究。

每一项品格优势都是独特的,与其他的品格优势完全不同。

品格优势在历史中可以找到有代表性的范本,可以一目了然地体现在某个个体身上。

品格优势会较早地体现在一些儿童身上,使他们成为拥有品格优势的天才。

品格优势具有选择性不存在的特点,即在一小部分人中没有某项品格优势。

品格优势具有制度和机构性特点,也就是说,社会中的常规、习俗和礼仪会特意地培养人们这些品格优势。

二、六大美德与 24 项品格优势解读

品格优势是实现美德的途径,而通过对智慧、勇气、仁爱、公正、节制、超越六大美德的追求,人们可以最大限度地将幸福掌握于手。

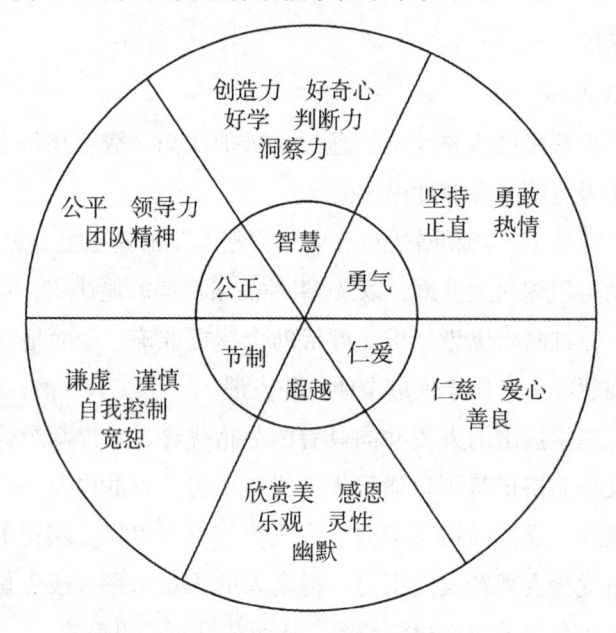

图 2.2-1 六大美德与 24 项品格优势

美德一:智慧。学习的能力、态度。

第 1 项品格优势:创造力。用创新的方法来解决问题,有创造的欲望和信心。

第 2 项品格优势:好奇心。对世界充满兴趣,有尝试的兴趣,会去追求真相,主动追随新鲜事物。

第 3 项品格优势:好学。喜欢学习新东西,喜欢去任何可以学到新东西的地方。在没有任何外在诱因的情况下,会对新领域有继续学习的兴趣。

第 4 项品格优势:判断力。能够周详地考虑事情的方方面面,不会草率地下结论,根据真凭实据来做决定。愿意改变主意。

第 5 项品格优势:洞察力。相当睿智,用经验来帮助其他人解决问题。

美德二：勇气。虽心怀恐惧依然为实现目标而勇往前进。

第6项品格优势：坚持。勤劳、勤勉、有毅力，有始有终，能承担困难的工作并将其完成，而且没有抱怨。

第7项品格优势：勇敢。包括道德上的勇敢和心理上的勇敢。道德上的勇敢指的是明知站出来会带来不利，仍然挺身而出。心理上的勇敢包括泰然地甚至愉悦地面对逆境和挑战。

第8项品格优势：正直。真诚、诚实。一个诚实的人不但实话实说，而且真实地面对生活。真诚地对待自己与他人，不论说话办事都诚诚恳恳、说一不二。

第9项品格优势：热情。热忱、热情、热衷。参与活动或对待别人，能表现出热烈、积极、主动和友好的情感或态度。

美德三：仁爱。与亲戚朋友甚至陌生人交往时的积极表现。

第10项品格优势：仁慈。对别人很仁慈、很慷慨，别人寻求帮助时，会尽全力提供帮助。喜欢帮助别人，即使是陌生人也会相助。

第11项品格优势：爱心。珍惜自己与别人的亲密关系，能够感受到自己对别人的爱和别人对自己的爱。

第12项品格优势：善良。心地端正纯洁，没有歹意邪念。

美德四：公正。即社会公平和正义，它以人的解放、人的自由平等权利的获得为前提，是国家、社会的根本价值理念。

第13项品格优势：公平。不让个人感情影响自己的决定，给每个人同等的机会。

第14项品格优势：领导力。有很好的组织才能，并能监督任务的执行，是集体中的优秀分子。

第15项品格优势：团队精神。有团队合作精神，努力做好本职工作，努力使团队获得成功。

美德五：节制。恰当地、适度地表现你的需求。

第16项品格优势：谦虚。不喜欢出风头，宁愿让成绩说话，不认为自己很了不起。

第17项品格优势：谨慎。小心反复确认正确后，再发布行动命令。

第18项品格优势：自我控制。能够控制住自己的情绪、欲望、需求和冲动。不但知道应该节制，而且能付诸行动。

第19项品格优势：宽恕。宽恕与慈悲，原谅他人，宽容待人。

美德六：超越。将自己与别人、未来、进化、神圣或者宇宙相联结。

第20项品格优势：欣赏。对美的欣赏和领会，从大自然、艺术、数学、科学以至日常生活体验，都注意到和欣赏到美。

第21项品格优势：感恩。懂得感恩的人从不认为自己本该如此幸运，他们会向帮助自己的人表达感恩。

第22项品格优势：乐观。希望、乐观、展望未来。

第23项品格优势：灵性。有目标、有信仰，对生命的意义有坚定的信仰，知道自己的人生是有目标的，他们的信仰会塑造他们的行为。

第24项品格优势：幽默。是指言谈、举止有趣，意味深长，出乎意料，是用智慧创造令人愉悦的氛围。

三、发挥美德与品格优势的技巧方法

（一）优势树

在纸上画一棵树，树身写上自己的名字。

在树枝上画果实，果实上写上自己的品格优势。

找出你觉得最突出的三个品格优势（核心优势），把证明你拥有该品格优势的事例写在对应果实的旁边。

你还希望自己拥有哪些品格优势？为什么？在优势树上添画红心，代表你最期待拥有或提升的品格优势。

对于自己画好的优势树，可以邀请家人、朋友、同事等进行补充。

将补充完毕的优势树放在自己日常可以看到的地方，将其视觉化。

（二）闪耀三步法

梳理你过往的经历，你觉得最有成就感的事是什么？请列举至少三件事。

有什么事情你很感兴趣，一接触很快就上手，还做得很好？

你觉得自己什么事做得最好？你身边的人怎样评价你？觉得你哪些方面做得好？什么能力比较强？

（三）我的优势我做主

站在镜子前，做几个深呼吸，放松自己。

看着镜子中的自己，说："我是某某某，从此刻开始，我将在……时发挥我……的优势。"如：从此刻开始，我将在工作上遇到困难时发挥我乐观的优势，说三遍。

做一个能代表你发挥优势的标志性手势，如高举拳头、双手合十等。

应用练习

工作占据了我们生活中大部分时间，如果我们可以把时间投入在发挥自己优势的事情上，我们会做得更开心，还会进步飞快。

第一，在工作和生活中有意识地使用自己的优势。

如果你的突出优势之一是"好学",就可以给自己制订学习计划、留出看书学习的时间;如果"自我控制"是你的优势,则可以给自己制订工作计划并按计划执行;如果"感恩"是你的优势,则可以做一些表达感恩的事情,比如写感恩信,向亲朋好友表达感谢;如果"欣赏美"是你的优势,可以去欣赏周围人事物的美好……

第二,进行积极的自我介绍。

每个人都拥有自己的美德与优势,这都是积极的心理资源,我们可以思考自己有哪些优点、闪光点,并且向他人讲述一个令自己感到骄傲的、能够体现自己优势的故事。

第三,利用优势来给自己进行"心理充电"。

感到烦躁气闷、辛苦疲劳时,可以做些自己具有优势的事情,比如"好学"的人去读读书,"有爱心"的人可以参加公益活动,"好奇心强"的人可以去大自然中探索……通过擅长的、喜欢的事情来给自己补充心理能量。

知识延伸

24 项美德测试及分析

下面有240项描述,根据与自身的相像程度,把最符合自己的选项号填入答题表中(选项号即分值):

1. 非常不像我   2. 有点不像我   3. 中立   4. 有点像我   5. 非常像我

1. 我觉得这个世界很有趣。
2. 我总是尽全力参加教育活动。
3. 我总是为自己的行动找出理由。
4. 不断产生新奇和不同的念头是我的一个长处。
5. 我可以充分了解自己周围的环境。
6. 我对正在发生的事情有全面的认识。
7. 面对强烈的反对时,我经常捍卫自己的立场。
8. 我从来不会在任务没有完成前就放弃。
9. 我一向遵守承诺。
10. 我从不会借故太忙而不去帮助朋友。
11. 我总是乐于和别人建立关系,即使有风险存在。
12. 我从不会错过小组会议或团队活动。
13. 我总能承认自己的错误。

14. 在团体里，我总是尽力确保每一个人都有在团体内的感觉。

15. 对我来说，吃健康食品没有困难。

16. 我从未故意伤害过任何人。

17. 对我来说，生活在充满美的世界中是很重要的。

18. 我总是向关心我的人表达感谢。

19. 我总是对事物抱着乐观的态度。

20. 我注重精神生活。

21. 我以谦逊的态度对待发生在自己身上的好事。

22. 当我的朋友心情不好时，我努力逗他们开心。

23. 我想要全身心投入生活中，而不是像个局外人那样旁观。

24. 对我来说，过去的事情就让它过去了。

25. 我从不感到无聊。

26. 我愿意学习新事物。

27. 我总是会从事物的正反两面去考虑问题。

28. 当别人告诉我应该怎么做一件事时，我会主动想出可以取得相同结果的其他方法。

29. 我知道如何在不同的社交场合扮演适合自己的角色。

30. 不管发生什么，我都清楚地知道什么是最重要的。

31. 我曾经因为能够直面问题，而摆脱了情绪困扰。

32. 我做事从不虎头蛇尾。

33. 我的朋友认为我能够保持事情的真实性。

34. 能为朋友做些小事让我感到很享受。

35. 我身边有人像关心自己一样关心我，在乎我的感受。

36. 我非常喜欢成为团体中的一分子。

37. 能够妥协是我性格里的一个重要部分。

38. 作为一个组织的领导，不管成员有过怎样的经历，我都对他们一视同仁。

39. 就算美食当前，我也不会吃过量。

40. "小心驶得万年船"是我喜欢的座右铭之一。

41. 我会因为别人的仁慈善良而感动得几乎落泪。

42. 听到一些伟大的善举时，我的心会受到震撼。

43. 当别人看到事物消极的一面时，我总能乐观地发现它积极的一面。

44. 我实践着自己的信仰。

45. 我不喜欢在人群中突出自己。

46. 大多数人认为和我在一起很有趣。
47. 我从来没有早上不想起床的感觉。
48. 我很少怀有怨恨。
49. 我总是忙着做一些有趣的事情。
50. 学习新事物让我感到兴奋。
51. 只有掌握了所有信息以后,我才会做出决定。
52. 我喜欢想一些新的方法去解决问题。
53. 无论环境怎样,我都可以适应。
54. 我拥有优秀的世界观。
55. 我会毫不犹豫地公开阐述一个不受欢迎的观点。
56. 我是一个以目标为行动导向的人。
57. 我相信真诚是信任的基础。
58. 我尽力让那些沮丧的人振作起来。
59. 有人能够接受我的缺点。
60. 我是一个极其忠诚的人。
61. 我公平地对待所有人,不管他们是什么身份。
62. 我的优点之一是能够让团体成员很好地协作,哪怕他们之间存在分歧。
63. 我是一个高度自律的人。
64. 我总是思考以后再讲话。
65. 看到美好的事物时,总能触动我内心深处的情愫。
66. 至少每天一次,我会暂停忙碌的生活节奏,细数值得自己感激的人或事。
67. 即使面对挑战,我也总对将来充满希望。
68. 在困难的时刻,我的信仰从来没有离弃过我。
69. 我从不表现得特殊。
70. 我抓住每一个机会,用欢笑点亮别人的生活。
71. 我做事一向全神贯注。
72. 我从不试图报复。
73. 我对世界总是充满了好奇。
74. 每一天我都期盼着学习和成长的机会。
75. 我欣赏自己批判性的思维。
76. 我为自己的原创力而感到骄傲。
77. 我有能力令其他人对一些事物产生兴趣。
78. 我从来没有因为给朋友提供了错误意见而导致他犯错。

79. 我支持自己坚信的事，即使会产生负面的结果。

80. 即使会遇到阻碍，我也要把事情完成。

81. 即使会造成伤害，我也会说出真相。

82. 我喜欢令别人快乐。

83. 对某些人来说，我是他们生命里最重要的人。

84. 在团队中工作可以令我发挥出最佳状态。

85. 对我来说，每个人的权利同样重要。

86. 我非常擅长策划集体活动。

87. 我会控制自己的情绪。

88. 朋友们认为，我能在自己的言行上做出聪明的抉择。

89. 我能看到被别人忽视的美好事物。

90. 如果收到礼物，我总是要让送礼物的人知道我很喜欢。

91. 对于自己希望在将来发生的事，我的脑子里有一幅清晰的图画。

92. 我有明确的生活目标。

93. 我从不吹嘘自己的成就。

94. 不论在任何情形下，我都尝试寻找乐趣。

95. 我热爱自己所做的事情。

96. 我一向容许别人把错误留在过去，重新开始。

97. 我对各式各样的活动都感到兴奋。

98. 我是个真正的终身学习者。

99. 我的朋友欣赏我能客观地看待事物。

100. 我总能想出新方法去做事情。

101. 我总能知道别人行事的动机。

102. 别人认为我的智慧超越了我这个年龄应有的程度。

103. 别人还在侃侃而谈时，我已经付诸行动了。

104. 我是个工作勤奋的人。

105. 我的承诺值得信赖。

106. 在过去的一个月里，我主动帮助过我的邻居。

107. 不管我的家人和好友做了什么，都不能阻止我对他们的爱。

108. 我从不对外人说我所处团体的坏话。

109. 我给每个人机会。

110. 作为一个有效能的领导者，我一视同仁。

111. 我不想要那些短期内让我感觉不错，但是长远来说有害的东西。

112. 我总是避免参加会对身体造成伤害的活动。
113. 我经常被电影里所描述的美感动得说不出话。
114. 我是一个充满感恩之心的人。
115. 如果得到不好的成绩或评价,我会专注于下次机会,并计划做得更好。
116. 在过去的 24 小时内,我花了 30 分钟祈祷、冥想或沉思。
117. 我为自己是一个普通人而骄傲。
118. 我试着在所做的任何事情中添加一点幽默的成分。
119. 我期待新的一天的到来。
120. 我希望人们能学会原谅和遗忘。
121. 我有很多兴趣爱好。
122. 我经常尽量去参观博物馆。
123. 如果需要,我可以成为一个高度理性的思考者。
124. 朋友们认为我有各种各样的新奇想法。
125. 我一向能与刚认识的朋友融洽相处。
126. 我总能看到事物的全部。
127. 我总能捍卫自己的信念。
128. 我不言放弃。
129. 我忠于自己的价值观。
130. 在朋友生病时,我总会致电问候。
131. 我总能感受到自己生命中有爱存在。
132. 维持团体内的和睦对我来说很重要。
133. 我极其坚持正义和公平的原则。
134. 我相信人的本性让我们聚在一起,为了共同的目标而努力。
135. 我可以一直节食。
136. 行动前,我总是先考虑可能出现的结果。
137. 我总能觉察到周围环境里存在的自然美。
138. 我竭尽所能去答谢那些对我好的人。
139. 我对未来五年内想要做的事情有所计划。
140. 我的信仰塑造了现在的我。
141. 我比较喜欢让其他人谈论他们自己。
142. 我从不让沮丧的境遇带走我的幽默感。
143. 我精力充沛。
144. 我总是愿意给他人改正错误的机会。

145. 在任何情形下，我都能找到乐趣。

146. 我常常阅读。

147. 深思熟虑是我的特点之一。

148. 我经常有原创性的思维。

149. 我善于体会别人的感受。

150. 我对人生有成熟的看法。

151. 我总能直面自己的恐惧。

152. 我工作时从不被别的事情分散精力。

153. 不曾夸大过自己，我为此而骄傲。

154. 我为他人的好运而兴奋，就像自己获得好运一样。

155. 我能够表达对别人的爱。

156. 我在任何条件下都支持我的队员或组员。

157. 我不会无功受禄。

158. 朋友总认为我是一个强硬但公正的领导者。

159. 我总是认为知足常乐。

160. 我一向对错分明。

161. 我非常喜欢各种形式的艺术。

162. 我对生命中所得到的一切充满感激。

163. 我知道，有一天我会成功实现自己所设定的目标。

164. 我相信每个人都有一个生存目的。

165. 我很少刻意引人注目。

166. 我很有幽默感。

167. 我会迫不及待地开始一项新的计划。

168. 我很少试图报复别人。

169. 我很会自娱自乐。

170. 如果想了解什么，我会立刻到图书馆或者互联网上查询。

171. 我总会权衡利弊。

172. 我的想象力超过朋友。

173. 我清楚自己的感觉和动机。

174. 别人喜欢来征询我的建议。

175. 我曾经战胜过痛苦与失望。

176. 一旦决定做什么事情，我就会坚持下去。

177. 我非常讨厌装腔作势。

178. 我享受善待他人的感觉。
179. 我能够接受别人的爱。
180. 即使不同意团体领袖的观点，我还是会尊重他。
181. 即使不喜欢一个人，我也会公平地对待他。
182. 作为一个团体领导，我尽量让每一个成员快乐。
183. 无论在办公室、学校或家中，我总是在限期之内完成各种任务。
184. 我是个非常小心的人。
185. 他人认为生命中理所当然存在着的简单事物，我却会对它们心存敬畏。
186. 当审视自己的生活时，我发现有很多地方值得感恩。
187. 我确信自己的做事方法会得到最佳的效果。
188. 我相信一种全宇宙的力量，比如神。
189. 别人告诉我，谦虚是我最显著的优点之一。
190. 能使别人微笑或大笑，令我感到满足。
191. 我迫不及待地想要知道自己未来的生活是什么样子。
192. 通常情况下，我愿意给别人第二次机会。
193. 我认为我的生活非常有趣。
194. 我阅读大量各种类别的书籍。
195. 我尝试为自己的重大决定找出好的理由。
196. 上个月，我为自己生命中的难题想出了一个创新性的解决方法。
197. 我总是知道说什么话可以让别人感觉良好。
198. 或许不会跟别人说起，但我认为自己是个智者。
199. 听到有人说卑鄙的事情，我总会大声提出抗议。
200. 做计划时，我有把握付诸实践。
201. 朋友总说我是一个实际的人。
202. 能让别人一起分享成功所带来的公众瞩目，这让我感到高兴。
203. 在我的邻居、同事或同学中，有我真正关心的人。
204. 尊重团体的决定对我来说很重要。
205. 我认为每个人都应该有发言权。
206. 作为团体领导者，我认为每个成员都有对团体所做的事发表意见的权利。
207. 对我来说，练习与表演一样重要。
208. 我总是谨慎地做出决定。
209. 我经常渴望能感受伟大的艺术，比如音乐、戏剧或绘画。
210. 每天我都心怀深刻的感激之情。

211. 情绪低落时，我总是回想生活中美好的事情。
212. 信仰使我的生命变得重要。
213. 没有人认为我是一个自大的人。
214. 我更相信人生是游乐场而不是战场。
215. 早晨醒来，我会为了新一天中存在的无限可能性而兴奋。
216. 我不想看到任何人受苦，哪怕是我最大的敌人。
217. 我非常喜欢听别人讲述其他国家和文化。
218. 我喜欢阅读非小说类的书籍作为消遣。
219. 朋友欣赏我的判断力。
220. 我强烈希望在来年做一些创新的事。
221. 很少有人能利用我。
222. 别人认为我是一个聪明的人。
223. 我是一个勇敢的人。
224. 能得到自己想要的，是因为我付出了努力。
225. 别人相信我能帮他们保守秘密。
226. 我总是倾听别人讲述他们的问题。
227. 和他人分享我的感受是一件容易的事。
228. 为了集体利益，我愿意牺牲个人利益。
229. 我相信聆听每个人的意见是值得的。
230. 大权在握的时候，我不会因小事随便责怪他人。
231. 我定时锻炼身体。
232. 我想象不到说谎和骗人是怎么一回事。
233. 在过去的一年中，我创造了一些美好的东西。
234. 在生命中，我一直拥有别人给予的深厚的祝福。
235. 我期待会发生最好的事情。
236. 我的人生有一个使命。
237. 别人都因我的谦逊而走近我。
238. 我因富于幽默而被众人所知。
239. 人们形容我为一个热情洋溢的人。
240. 当人家待我不好时，我尝试以谅解来回应。

答题表：

1题	25题	49题	73题	97题	121题	145题	169题	193题	217题	1合计
2题	26题	50题	74题	98题	122题	146题	170题	194题	218题	2合计
3题	27题	51题	75题	99题	123题	147题	171题	195题	219题	3合计
4题	28题	52题	76题	100题	124题	148题	172题	196题	220题	4合计
5题	29题	53题	77题	101题	125题	149题	173题	197题	221题	5合计
6题	30题	54题	78题	102题	126题	150题	174题	198题	222题	6合计
7题	31题	55题	79题	103题	127题	151题	175题	199题	223题	7合计
8题	32题	56题	80题	104题	128题	152题	176题	200题	224题	8合计
9题	33题	57题	81题	105题	129题	153题	177题	201题	225题	9合计
10题	34题	58题	82题	106题	130题	154题	178题	202题	226题	10合计
11题	35题	59题	83题	107题	131题	155题	179题	203题	227题	11合计
12题	36题	60题	84题	108题	132题	156题	180题	204题	228题	12合计
13题	37题	61题	85题	109题	133题	157题	181题	205题	229题	13合计
14题	38题	62题	86题	110题	134题	158题	182题	206题	230题	14合计
15题	39题	63题	87题	111题	135题	159题	183题	207题	231题	15合计
16题	40题	64题	88题	112题	136题	160题	184题	208题	232题	16合计

（续表）

17题	41题	65题	89题	113题	137题	161题	185题	209题	233题	17合计
18题	42题	66题	90题	114题	138题	162题	186题	210题	234题	18合计
19题	43题	67题	91题	115题	139题	163题	187题	211题	235题	19合计
20题	44题	68题	92题	116题	140题	164题	188题	212题	236题	20合计
21题	45题	69题	93题	117题	141题	165题	189题	213题	237题	21合计
22题	46题	70题	94题	118题	142题	166题	190题	214题	238题	22合计
23题	47题	71题	95题	119题	143题	167题	191题	215题	239题	23合计
24题	48题	72题	96题	120题	144题	168题	192题	216题	240题	24合计

以上测试，24行得分对应前面的24项品格优势，测试得分最高的几项就是美德优势项，分值最低的几项就是弱项。

项目三　养成习得性乐观

一切的和谐与平衡，健康与健美，成功与幸福，都是由乐观与希望的向上心理产生与造成的。

——华盛顿

学习目标

1. 了解习得性无助的内涵；
2. 掌握习得性乐观；
3. 熟悉和运用习得性乐观的方法。

案例导入

"当村干部，忙就是好事，为村民干事，村民才会认同自己，别人认为不可能的事，只要有希望我们就积极行动，相信总能干成。"村支书李尚脚步不停，手机不时响起，哪里有需要，他就赶到哪里，妥妥的"勤务员"一枚。村民都敬佩他，"我们李书记思维活跃，干事有激情，遇到多大的困难在他那里都不是事儿，跟着他干我们浑身有使不完的劲儿"。积极乐观的村支书引领着全村人奔向幸福美好的生活。

一、习得性无助

（一）什么是习得性无助

习得性无助是指一个人经历了某种失败和挫折后，在情感、认知和行为上表现出消极的特殊的心理状态。当一个人将不可控制的消极事件或失败归因于自身的智力、能力的时候，一种弥散的、无助的和抑郁的状态就会出现，自我评价就会降低，动机也减弱到最低水平，无助感也由此产生，也就无法建立积极的自我。

（二）习得性无助的由来

习得性无助源于经典心理学实验：美国著名心理学家、教育心理学的创始人爱德华·李·桑代克是一个科学心理学天才，他除了擅长用小鸡来研究学习，也擅长用猫来研究学习。他曾经设计了一个迷箱（如图 2.3-1），专门用实验来研究什么是学习。

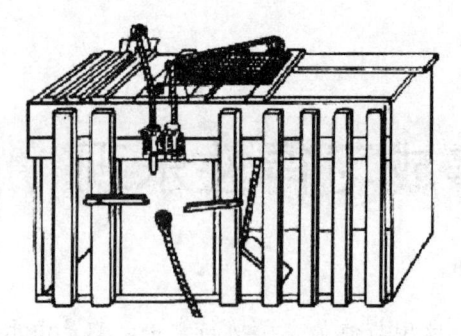

图 2.3-1　桑代克迷箱实验

桑代克把一只饿了一天的猫放进这只迷箱,迷箱外面用猫最爱吃的鱼来引诱它,然后观察猫要花费多少时间才能从迷箱里面出来。

桑代克设计的迷箱很巧妙,它的底部有一块踏板,如果饿猫能踩到这块踏板,迷箱的门就会被打开,饿猫就能逃出迷箱而吃到外面的鱼。

不过,如果研究者在这里使用一个小小的诡计,即每次当饿猫很辛苦地逃出迷箱之后,就一把抓住它而不让它吃到外面那条引诱它的鱼,然后把猫重新送回箱子里面,即猫每次的努力都只能以失败或挫折告终,猫在这种情境条件下会出现什么行为呢?

实验所获得的结果让人意想不到,猫的行为主要可以分为以下三种情形:

第一种情形,一些猫会一直努力尝试逃出迷箱去吃那条鱼,不管它失败了多少次,它总是在下一次还是想要逃出迷箱,并且这些猫逃出迷箱所花费的时间也会越来越短,表现出愈挫愈勇的样子,我们姑且称这些猫为"坚强猫"。

第二种情形,另外一些猫则出现了自我攻击行为,这些猫会用自己的头猛撞迷箱的框架,最后弄得头破血流,有些猫甚至还会用牙齿咬迷箱。似乎这些猫已经失去了自我,毫不珍惜自己,我们姑且称这些猫为"疯狂猫"。

第三种情形,还有一些猫则不再做出任何逃出迷箱的行为,干脆趴在迷箱的底部,眼睛充满哀伤的泪,看着外面的鱼发出哀叫,这些猫好像患上了抑郁症一样,我们姑且称之为"抑郁猫"。

当时的研究者对第二种情形即"疯狂猫"的印象比较深刻,因为人们从这个简单的实验中发现,总是承受失败或挫折有可能会使个体出现失去自我控制能力的疯狂行为,而这种行为对社会或其个人的伤害都非常大,这使得心理学在很长一段时间总是致力于研究与此相关的心理问题。至于其他两种情形,研究者认为它们似乎既不会影响社会的发展,也不会影响个体自身的发展。

但到了20世纪60年代后期,美国著名心理学家马丁·塞利格曼以狗为研究对象,用一种新的实验方式再次发现了类似于上述第三种"抑郁猫"的情形,塞利格曼把这种情形命名为"习得性无助",并在此后的一生中对此进行了系统研究。从1971年起,塞利格曼团队开始围绕着研究人的习得性无助而设计相关实验。

实验结果证明：人也会患上习得性无助。当一个人在某件特定的事情上多次努力，反复失败，形成了"我怎么努力，都改变不了结果"的信念后，就容易出现无助感，消极地面对生活，没有意志力去战胜困境，甚至出现绝望、抑郁等心理偏差。

二、习得性乐观

（一）乐观悲观的大脑实验

哈佛大学心理学系的研究人员用功能核磁共振成像（fMRI）记录了被试者乐观或悲观思考时大脑活动的区域。他们给予被试者几个情景，比如结束了一段深刻的感情，或者中了彩票大奖等，然后让他们联想到一个已经过去的或者预计一个即将发生的情景。在整个联想的过程中，扫描仪会记录下他们的大脑活动区域。研究者发现，大脑中一个调节情绪和动力产生的区域前扣带回皮质与负责情绪记忆处理的杏仁核在乐观或悲观思考中起到了重要作用。当被试者乐观思考时，这两个区域的活动明显增强；而当他们悲观思考时，这两个部位活动则减弱。这就好像大脑中的一个"乐观中枢"，将积极的情绪和大脑其他区域活动联系起来，情绪越积极，它的活动性就越高，进而更增进积极。

乐观的人有着先天的优势与好处，其身体素质和状况更好，成就、表现更佳。当然，并不是所有人一生下来就能保持乐观，这也是村干部需要学习这门培养积极乐观态度的专业课程的原因。乐观的人能更好地面对困难，乐观的态度需要培养与训练，很多人也是经历了挫折，才学会了豁达乐观的精神。

（二）什么是习得性乐观

习得性乐观是指恰当地引用证据反驳我们因为负面偏差做出的扭曲解释，同时看到事物积极的一面，进而形成乐观的解释风格。

习得性乐观关注成长与效果、优势与美德的成长式框架与积极语言模式，正面词语内含着积极正向的信念、价值观和行为准则，具有动感、活力，文字里显示着行动的力量，有助于人获得乐观。而负面词语隐含着消极的限制性信念、价值观和行为准则，是封闭、静态、被动、自我伤害式的，透露出很强的无力感和挫败感，易引发人的习得性无助。如果村干部工作中大量使用负面词语，比如"根本无法实现""进退两难""无路可走""没办法"等，会让村民感到沮丧，看不到希望，甚至想要逃避和退缩。

表 2.3-1　习得性无助与习得性乐观在词语表达上的区别

	习得性无助	习得性乐观
聚焦	问题、弱点	优势美德、实际效果、成长目标
语言模式	限制性框架	成长性框架
词语性质	负面词语	正面词语
表达方式	负面表达	正面表达

习得性乐观是可以通过后天练习而逐渐形成的，村干部在工作中要学会恰当地引用事实和证据，反驳扭曲的解释，平衡我们记忆认知的负面偏差。

（三）培养习得性乐观的方法技巧

1. 捕捉思维

第一时间觉察自己的情绪和想法并提出问题。

以工作失败为例，我可以问自己：

第一，我觉得自己不行，证据充分吗？

第二，我这次工作没做好、不尽如人意就推导出自己不行，这逻辑合理吗？

第三，我认为自己不行，这么想有什么用？

第四，面对工作没做好的现实，我们此时可以做什么，让情况变得更好一些？

经过上述几个问题，你对这件不好的事的解释变成了：

"有时候会发生。"

"属于个别情况。"

"不一定是我自己太差劲而导致的。"

2. 乐观归因 ABCDE 模式

乐观归因是指人们用乐观的态度对事件发生的原因进行认知的过程，它对我们的心理健康、情绪调节、行为表现等都有着深刻的影响。在生活中，我们经常会遇到各种各样的情况，如果我们能够积极乐观归因，那么我们就能更好地适应环境、解决问题、提升自我。

研究发现，乐观者总是会将坏事解释为暂时性的、特定性的、外在的原因，而将好事解释为永久性的、普遍性的、内在的原因。而悲观者的解释风格则正好相反。

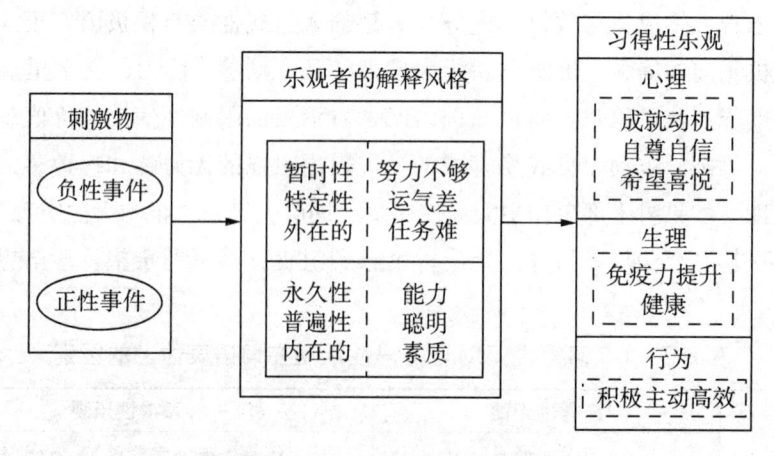

图 2.3-2 乐观者的解释风格

塞利格曼在他的第一本著作《真实的幸福》里分享了驳回悲观、养成习得性乐观的 ABCDE 模式。

"ABCDE"分别代表了困境（Adversity）、观点（Belief）、后果（Consequence）、质疑（Disputation）和激励（Energization）这五个思考路径，按照这五个路径，我们可以顺次做出如下练习：

A. 思考最近遇到的一个问题或者困难；

B. 思考时，如实记录自己的想法或感受，此处一定要尽可能如实记录；

C. 仔细思考上述想法或感受所产生的后果和行为，分析这些想法或感受是否能令你采取积极行动，从而帮你克服困难；

D. 质疑并挑战你的观点，用生活中的事例证明这些观点的错误；

E. 结束以上质疑和挑战，体会一下当下的感受，是否感到压力减轻？是否感到受到了激励？

A（Adversity）——代表不好的事，不幸或困境。

B（Belief）——代表当事件发生时自动浮现的念头、想法。

C（Consequence）——代表这个想法所产生的后果。

D（Disputation）——代表反驳。

E（Energization）——代表你成功进行反驳后所受到的激发。

一旦你意识到有悲观的想法出现或者在不好的事情发生后，你有效地反驳了自己的悲观想法，你便可以改变自己受事件打击时的反应，使自己变得更加有朝气。

如：村干部与村民发生工作争执事件。

A（不好的事）：今天我开会不小心说错了一个重要数据。我很尴尬，一个村民指着我说："你不懂别装懂！"

B（想法）：我太丢脸了！而且还被大家这样嘲笑了！更气人的是，我怎么会说错？我真怀疑自己，是不是真的适合这份工作，我的能力真的足够吗？我很惭愧……

C（后果）：我很沮丧，回到办公室后，做其他工作效率也很低，接电话还向别人发了脾气！可能我真的不行吧！

D（反驳）：或许我把事情想得太严重了。谁还没犯过错？我不应该因一次小错误就否定我的全部啊！其实对于村里的工作，我还是有很多经验和优势的。作为村干部，在大家伙儿面前犯了错，我应该从此一蹶不振呢，还是借助这个机会，教他们如何面对自己犯下的错误？是的，我想我会选择后者。他们会理解我，会尊重我的，他们一直如此……

E（激发）：我的心情已经平静多了，我想我知道接下来该怎么做了。下午我就去大方承认自己的错误，接着告诉他们我的心情，或许，他们也会跟我分享他们的经历和心情。太好了，我在这件事中获得了成长，他们也会的。

附：乐观基本功训练日记

我的 ABCDE 日记

不好的事	想法	后果	反驳	激发

应用练习

习得性乐观的三个金句

"这不是常态，过一段时间会有改变，我们看看再说。"

都说塞翁失马，焉知非福。塞翁就是一个有习得性乐观的人，他理解糟糕的事情不会是永久的，事情永远有新的一面。这就是"永久性灾难"和"短暂性逆境"的区别。

"天塌不下来，你死不了，只是在……上有问题，改了就好了。"

没有毁灭性的灾难，只有待解决的几个问题。

"不光是我，谁这辈子都会遇到类似的事。"

这不是针对我个人的，而是每个人都有机会遇到的。

当不好的事情发生时，可能会由于习得性无助让信念转到悲观的方向上，这时我们要做的是改变我们的信念，可以转移注意力，可以进行反驳，同时也可以用三个"金句"让我们回到乐观区域。

知识延伸

积极心理学视角下的抑郁战胜之道：培养希望与乐观。积极心理学认为，希望与乐观的态度在抑郁康复中扮演着重要的角色。抑郁者常常被消极情绪所压倒，对未来感到失望和无望。然而，培养乐观的态度可以为抑郁者注入新的动力和能量，使他们能够更好地应对生活中的挫折和困难。

一、学习应对策略

学习应对策略是培养希望与乐观态度的实质性过程，而非简单的情感激励。积极心理学强调，抑郁者可以通过积极地应对问题，逐步重塑他们的心理状态。这需要采取一系列具体的策略，以下是一些相关的方法：

1. 建立问题解决技能

抑郁者可以学习如何有效地分析问题，制定解决方案。这需要培养他们的批判性思维和逻辑推理能力，以便更好地应对生活中的各种挑战。

2. 制订行动计划

积极心理学建议抑郁者制订详细的行动计划，以解决他们面临的问题。将大问题的执行分解为小步骤，并逐步实施，有助于抑郁者逐渐感受到进展，从而增强自信心和积极情绪。

3. 培养解决问题的态度

积极心理学强调培养人们一种积极、乐观的态度，去面对问题。这意味着要鼓励人们看到问题中的机会，而不是只看到困难和挫折。这种态度可以鼓励抑郁者更有决心地寻找解决方案。

4. 寻求帮助和支持

学习应对策略还包括知道何时需要帮助并寻求支持。抑郁者可以从专业心理治疗师、家人、朋友或支持小组中获取积极的支持和建议。

5. 培养自我意识

积极心理学强调自我意识的培养，帮助抑郁者更好地了解自己的情绪、需求和能力。通过认识自己，他们可以更有针对性地应对问题，从而增强乐观情绪。

二、改变思维模式

改变思维模式是重塑抑郁者心态的关键步骤，从只看到问题的困难和无解之处转向更积极的态度。积极心理学强调，这种转变可以通过认知重构的方法来实现，帮助抑郁者重新审视负面情绪和想法，寻找积极的替代观点。以下是一些相关措施：

1. 认识负面思维

抑郁者需要学会认识和意识到他们常常陷入的消极思维模式。这可能涉及对自己的内心对话进行观察，发现那些负面的、自我限制的想法。

2. 挑战负面观念

一旦抑郁者识别出负面思维，积极心理学建议他们开始质疑这些观念的合理性。他们可以问自己是否有证据支持这些想法，或者是否可能存在其他更积极的解释。

3. 找到积极的替代观点

在挑战负面观念的基础上，抑郁者可以寻找与之相对的积极观点。这不仅仅是一种"看事情更乐观"的简单努力，而是要寻找更合理、更平衡的观点，能够帮助他们更好地理解情况。

4. 培养自我鼓励

积极心理学鼓励抑郁者学会用积极的语言来对待自己。这种自我鼓励可以帮助他们改变内心的负面对话，增强自信心和自尊心。

模块三　积极情绪

积极情绪是可以帮助提升我们的生活质量和幸福指数的重要能力，是一种宝贵的再生资源。

——弗里德里克森

项目一　培养积极情绪

忧愁、顾虑和悲观，可以使人得病；积极、愉快、坚强的意志和乐观的情绪，可以战胜疾病，更可以使人强壮和长寿。

——巴甫洛夫

学习目标

1. 了解情绪的真正来源和情绪本质；
2. 熟悉积极情绪种类、发挥自身优势；
3. 掌握培养积极情绪的方法；
4. 灵活运用积极情绪的力量。

案例导入

村委会主任王民在工作中一直勤勉、热心、积极，为村民办实事。2023年上级安排村容村貌改造工程，时间紧、任务重，村干部压力特别大。工程改造的前5个月里，王民平均每天走4万步，几乎每天都工作到晚上12点。一日，因与多次阻挠施工的"钉子户"发生语言冲突和抓扯行为，王民被投诉为"嗓门大、脾气大、态度生硬、不冷静，处理问题方法简单粗暴"，给他造成了不良影响……

一、情绪

（一）学会情绪管理对村干部的意义

村干部在国家乡村振兴战略的实施和发展中发挥着"领路人"的作用，是国家政策方针的宣传者和落实者。村干部能否管理自身情绪、能否正确引导他人情绪是考察村干部内心是否强大，处事是否成熟的重要标志。良好的情绪管理能力日益成为优秀村干部必须要掌握的一项技能，对奋战在乡村振兴工作一线的村干部来说其有重要意义。

1. 提高组织绩效

在实现乡村振兴的过程中，村干部需要积极主动地推动各项工作的落地实施。良好的情绪可以让村干部充分发挥自身潜能，积极投入工作，推动工作落地，提高组织绩效。如案例导入中村委会主任在面对困难的时候，如果能管理好冲动的情绪，大脑中的理智机构就会开始运行，从而做事周全谨慎。

2. 建立良好的村民关系

在实现乡村振兴的过程中，村干部需要与村民密切合作、建立良好的村民关系。情绪管理能够帮助村干部更好地理解和应对村民的需求和情绪，提升沟通和合作效果，增加村民对乡村振兴工作的支持度。

3. 缓解工作压力

在实现乡村振兴的过程中，工作任务繁重，村干部面临着巨大的工作压力。良好的情绪管理能够帮助他们有效应对压力，减少不良情绪的干扰，提升工作积极性和工作质量。

4. 塑造乡村形象

乡村治理的成功与否与乡村形象息息相关。村干部的情绪管理关系着乡村形象的塑造，积极的情绪和有效的情绪表达能够提升乡村形象，吸引更多的资源和人才投入乡村振兴的过程中。

5. 建设和谐的工作环境

良好的情绪管理有助于村干部与其他相关部门建立和谐的工作关系，促进团队协作和共同进步，为乡村振兴工作提供良好的工作环境和保障。

情绪管理能够为村干部树立权威、增加影响力，进而提升他们的工作绩效，促进组织的发展，更好地应对乡村振兴工作的各种挑战。

（二）情绪的定义

情绪作为心理学的一项重要内容，一直是心理学家深入研究的课题。我们可以这样理解：情绪是个体受到某种刺激后所产生的一种身心激动状态。情绪是内心的感受经由身体表现出来的状态。

在我国，自古以来人们通常将情绪按其表现分为喜、怒、哀、惧、爱、恶、欲七种。一般来说，快乐、愤怒、哀伤、厌恶、惊讶、恐惧等都属于情绪，不过情绪的范畴非常广，它不仅局限于我们头脑所处的某种状态或者我们的某种感觉，更包含了情绪行为、情绪唤醒和对刺激物的认知等复杂成分。

很多村干部对自己情绪的认知还存在很多误解：

◇情绪是与生俱来的。我天生就是多愁善感的，我生来就是内向的。

◇我拿情绪没办法，无法控制它。不知何时才能快乐起来。

◇情绪的原因是外界的人、事、物。一做这个工作我就生气！

◇不良的情绪，要么忍要么爆发。我有什么办法？

◇具体的事情和情绪绑定。每次遇到这样的事情，我都生气，这些年我工作得很压抑。

◇流露情绪是软弱的表现，容易让他人觉得我有"情绪化"问题。

◇村干部在日常工作和生活中经常会面对和处理各种各样的事务，有些事务比较棘手，有些事务会造成情绪的低落和不良感觉的产生，所以对情绪的看法和了解也影响着工作效率。

（三）情绪的真正来源

情绪的真正来源是什么？到底是什么刺激了我们的情绪？为了回答这个问题，美国心理学家斯坦利·沙赫特和他的学生辛格在1962年进行了一项情绪实验研究。研究结果表明，哪怕唤起情绪的刺激因素完全一致、生理上的感受也完全一致，由于我们主观上对人际、事件、环境的理解存在偏差，我们也会产生完全不同的情绪体验。人们对自身生理变化的主观理解，才是情绪的根本。情绪的真正来源是每个人内在的一套信念系统。外来的事物，只不过是诱因而已，内在的信念系统，才是决定因素。除非我们内在的信念系统有所改变，否则，对同样的事情我们会自然地有同样的情绪反应。

面对完全一样的事情，人们对事情不同的认知、理解和解决方式会引起不同的情绪和处理结果，这证明了事情本身并不能决定情绪。村干部经常遇到群众来找村委会解决问题，其实当我们开始改变看法时情绪就会不一样：

表3.1-1　村干部遇到问题时情绪发生的变化

	第一次	第二次
信念	我压力大，你们又来找事	我经历的是磨砺，解决问题利于进步
价值观	你们认为我就不是好干部	我是积极进步的好干部
规条	你们这点事不应来找我	我以后要提前了解群众困难

改变我们的信念或对事情的看法就可以改变事情带来的情绪感受。信念是可以自己培养建立、修正提升的，所以情绪、事情，乃至我们的人生成就，都是可以自己调整控制的。

（四）情绪的本质

情绪的本质是潜意识对人的一种平衡，直接帮助我们趋利避害，这也是人类为什么会进化出情绪的原因。

对于每个人来说，每种情绪的存在都是有意义的，如果可以深入地了解情绪的本质，我们就能更加清楚地意识到它的真正价值。对于我们管理情绪、调节心理，甚至是改变人生状态，都具有非凡的意义。

1. 情绪是生命不可分割的一部分

一个正常人必然是有情绪的，这是人类大脑进化几万年的结果。情绪对人的行为起着关键性作用，很多时候，负面的情绪帮我们逃离不良的事情与结果；积极的情绪能够反哺行为产生正向的效果。情绪跟我们息息相关，在不同的情绪下，人会做出不同的行为。比如人特别兴奋的时候，就会手舞足蹈；人特别伤心的时候，可能什么事情都不想做。

情绪是生命的一部分，应像我们的手与脚、过去的经验、累积的知识能力等，为我们服务，使我们的人生更加美满。如果能妥善运用情绪，可以使人生变得更好。所以我们必须接受"情绪是生命不可分割的一部分"这一事实。

2. 情绪是诚实可靠的

情绪最能体现我们真正的感觉。一般情况下，面对同样的事，我们会自然地有同样的情绪反应。如果你对某些人、某些说法或者做法特别反感，一旦遇上这些人或事，你就会产生难受和反感的情绪。除非你内在的信念、价值观有所改变，否则，对同样的事你一定会自然地有同样的情绪反应。

3. 情绪感觉是经验记忆的必需部分

只有那些清晰的记忆，才能进入我们的经验记忆系统。而且，这份记忆必须与一份感觉并存，没有这份感觉我们的记忆不会长久，很快就会忘记。科学家认为，这种倾向在人类进化历程中有着重要意义，回忆负面情绪的事件，目的是让我们记住、认识并警惕未来再次出现此类威胁，以及提高应对问题袭击的能力，所以情绪感觉是记忆储存的必需部分。

4. 情绪即情商（情绪智力）

情商，即自己和他人的情绪协调力。情商专家戈尔曼认为，情商包括五个方面的认知：认识自己的情绪；管理自己的情绪；用情绪有效推动自己；认识别人的情绪；搞好人际关系。即上面讲过的五种"情绪能力"。

情商可以用两句话来概括：清楚认识和正确运用情绪去帮助自己；了解和分享别人的看法和情绪。高情商的人，能够很好地协调自身与他人的情绪感受，避免情绪化所带来的不良影响。

二、积极情绪

（一）积极情绪种类

积极情绪即正向情绪或具有正效价的情绪。罗素提出"积极情绪就是当事情进展顺利时，你想微笑时产生的那种美好的感受"；情绪的认知理论认为"积极情绪是目标实现过程中取得进步或得到他人积极评价时所产生的感受"。

积极心理学家芭芭拉·佛雷德里克森把积极情绪分为10种：喜悦、感激、宁静、兴趣、希望、自豪、逗趣、激励、敬佩、爱。

喜悦：周围的一切都是安全的，并且按照预定的方式发展，甚至比我们期待的更好，也不需要我们付出多大的努力。

感激：毫不吝啬地、充满创意地给予回馈，交织着喜悦和由衷赞赏的真正的愉悦体验。

宁静：当我们的周围安全而熟悉，自身不需要付出太多努力的时候，我们会感到宁静但与喜悦不同，宁静要低调得多，宁静让我们想要坐下来，沉浸其中，这是一种聚精会神的状态。

兴趣：完全被吸引，被牵引着去探索，将自己沉浸于我们正在接触的事物当中。

希望：希望的核心，是相信事情能够好转的信念，希望常常是在绝望中产生的。

自豪：自豪紧随着我们的成就而绽放，我们投入了努力，取得了成功，并点燃我们在相似领域里取得更大成就的梦想。

逗趣：有时意想不到的事情就让我们发笑。逗趣是社会性、娱乐性的。

激励：发现了真正的卓越，能够启发和振奋我们。

敬佩：发现了比自己伟大的东西。敬佩也可能在情感上将我们与强有力的、具有超凡魅力的领导人物结合在一起。

爱：人类永恒的追求。

积极情绪是一种积极、正向、稳定的心理倾向，它是一种良性的、建设性的心理状态，也是一种生活态度，阳光般地把生活中的一切当作一种享受的过程。

（二）发现并发挥自己的优势

村干部面对的基层事务多，工作已经十分忙碌，如果再只是关注自己工作中的不足和短处，就会给自己更多的负面情绪和不良心理影响。那么，如果村干部在工作中更多关注自身的优势和长处会怎么样呢？我们对工作在一线的近百名乡村工作者做过访谈，结果发现，工作成绩突出、生活比较幸福的人与工作能力一般、感觉压力比较大的人相比，他们在心理意识的诸多方面都有很大的不同。

"发挥自身优势的积极工作者"会在工作中主动寻求周边资源的支持，而一般人不会。

"发挥自身优势的积极工作者"会表现出自尊的精神和乐观积极的态度，这是一般人所不及的地方。

"发挥自身优势的积极工作者"能够感到自己在具体工作中的意义和价值，有自己秉承的正向价值观和信念并为之努力，而消极的人大多是日复一日地循环日常的工作，没有目标和方向。

"发挥自身优势的积极工作者"会在工作和生活中更乐于帮助他人，所以他们处理具体的工作会更顺利，而且他们在工作之余还帮助了群众，同时得到了领导和群众的认同，感受到了自我价值的实现，实现了正向的反馈循环。

"发挥自身优势的积极工作者"在工作中总是可以关注到自身的优势，坚信自己在处理工作事务方面的能力，对未来的发展相当自信，并且不自觉地向着好的方向努力以验证自己的判断。

"发挥自身优势的积极工作者"在工作中一定有自己心中在本领域内的模范榜样，并能以榜样的标准和要求持续要求和提升自己。

"发挥自身优势的积极工作者"能够主动地在工作和生活中设定目标并关注组织和自己的未来。

通过观察这次访谈的结果，我们发现能及时发挥自身的优势，时刻关注工作中人和事物的积极面，保持积极心理对村干部处理日常工作事务具有重大意义。

三、培养积极情绪

（一）打破思维反刍，停止无效思考

我们的头脑常常是极度活跃的。有些人会经常在大脑中重复思索一种消极的想法和记忆，会对自己说：

◇我忘不掉这件事……

◇我不理解为什么会发生这种事……

◇我想知道为什么这种事会发生在我身上……

◇我感觉太糟糕了，我很难不去想这件事情有多么可怕……

◇这太不公平了，为什么是我遇到这种事……

◇我真的这么不招人喜欢吗……

科学家把这种思维称为思维反刍。反刍的本义是指动物进食后将之前吞咽下去的食物返回到嘴里再次咀嚼，而心理学的反刍思维是指一个人过度地陷入曾经的负面情绪，而且不受控制地重复回忆之前的带有负面性的事件，从而长期陷入这样的一种心理状态的表现形式。如同《人间失格》里的一句话："你过得再快乐，只要突然想到那些瞬间，你都会以最快的速度黯淡下来，多少束光都照不亮。"

这样的反刍机制一旦开启，很难停止下来。它会占据我们的大脑，消耗我们的能量和精力，影响我们对其他事情的思考，悄无声息地偷走我们的注意力，阻碍我们看到美好的事物、享受幸福的时光。如果反刍思维成为一种习惯，会威胁我们的身心健康。如果我们不加以调适，甚至可能会引发抑郁症、焦虑症，同时延长抑郁发作的持续时间。

具体改变方式：

1. 改变视角

采取第三视角法则。以一个旁观者的身份去看待整个事情，我们就会发现，很多困扰我们的事情只是一件微不足道的小事，周遭人根本没有放在心上，甚至早就忘记了。

2. 聚焦问题解决

寻找问题解决方法比沉浸于负面情绪之中更关键。与其问为什么会这样，不如多问问自己，我能对此做些什么。

3. 正念冥想

正念冥想是一种可以有效地将我们的注意力放在当下并接受自己的心理状态的应对方式。要更多地思考当下，多多关注当下发生的事情，而不是过去。随着正念练习次数的不断增加，和对正念技巧的掌握，过度思考特质也会逐渐降低，同时也有助于改善我们身体的疼痛。

4. 减少具体思维

我们使用反刍思维的时候，看似是在找出"那件事情"出现的原因，但实际上，我们却花费了大量的时间和精力在回忆"那件事情"。当那件具体的事件再次浮现在脑海中时，我们很容易陷在当时的那些情绪和感受之中，无法自拔。

如果你感觉自己很难从"具体思维"中走出来，你可以做些中性的事件来帮助自己。常见的中性事件有：慢跑、郊游、喝茶等。

（二）合理自我评价技术

在日常工作中认识并记录下自己内心的消极自责的判断；弄清楚这些判断的根源并据此挑战自我；进行总结分析，更加客观、实际地进行自我评价。

你可以在日常工作中使用下面这份合理自我评价总结表。

表3.1-2　合理自我评价总结表

自责判断	判断失真	合理评价

（三）自我激励的方法

村干部要时刻运用积极语言进行自我暗示，并形成习惯。

请你在本子上列出几句面对事务性工作遇到困难时，经常运用的自我暗示语言。分析这些自我暗示语言是消极的还是积极的。

表 3.1-3　消极暗示语言与积极暗示语言的转化

消极暗示	转化	积极暗示
别紧张	更换	沉着，自然，放松
不能输	更换	全力以赴，一定能实现
别去想结果	更换	尽力做到最好

肯定地表达自己的感受。如"沉着，放松，我对这项工作处理起来特别有把握"，"全力以赴，我一定能做好这项调研工作"，大声说三遍。

我们在工作中持续用积极的想法代替不合理的信念和消极暗示并反复练习，在达到自我激励的同时也能持续提升工作绩效，提高百姓的满意度和个人的幸福指数。

应用练习

每天记录处理村务的三件好事

村干部平时处理大量的工作任务，也获得了不少经验、优势和成绩。但是，有的村干部太过于关注那些未完成、不如意的事情，把太多的时间和精力投入到遗憾的事情上，会加剧自己的焦虑和抑郁。避免这种情况就需要多关注工作中的那些带来成效的事，带来积极情绪的事，例如一次好的和群众的沟通结果，一次积极的工作后获得的认可和称赞，一次对基层事务与家庭事务的合理的安排与处理……这些都是提升积极情绪的好事。

每天记录处理村务的三件好事。

练习步骤：

在接下来的七天中，请你在每天工作结束时或休息前，花 10 分钟写下今天的三件好事，这三件好事可能就是你在今天工作中的很小的一个举动、一个处理事情的方式、一个获得称赞的结果或一个小确幸，也可能是一件很重要的事，例如在你的努力下完成了一项成功的大活动等。

在每件好事下面，写下来这件事发生的原因，也就是"它为什么会发生"。比如：我今天提交的报告获得了领导的认可和表扬，因为领导看到了我的努力和在这项事务上的特长。

开始时请你坚持七天，每天都坚持写下当天的三件好事。开始或许有点别扭，后面就变得容易了。在你坚持半年后，你会变得更加积极、乐观、幸福。

知识延伸

积极情绪自我测试

你在过去的 24 小时中的感觉如何？回顾过去的一天，利用下面的问题，填写你体验到的下列每一种情绪的最大量。0 = 一点都没有；1 = 有一点；2 = 中等；3 = 很多；4 = 非常多。

1. 你所感觉到的逗趣、好玩或可笑的最大程度有多少？
2. 你所感觉到的生气、愤怒或懊恼的最大程度有多少？
3. 你所感觉到的羞愧、屈辱或丢脸的最大程度有多少？
4. 你所感觉到的敬佩、惊奇或叹为观止的最大程度有多少？
5. 你所感觉到的轻蔑、藐视或鄙夷的最大程度有多少？
6. 你所感觉到的反感、讨厌或厌恶的最大程度有多少？
7. 你所感觉到的尴尬、难为情或不好意思的最大程度有多少？
8. 你所感觉到的感激、赞赏或感恩的最大程度有多少？
9. 你所感觉到的内疚、忏悔或应受谴责的最大程度有多少？
10. 你所感觉到的仇恨、不信任或怀疑的最大程度有多少？
11. 你所感觉到的希望、乐观或倍受鼓舞的最大程度有多少？
12. 你所感觉到的激励、振奋或兴高采烈的最大程度有多少？
13. 你所感觉到的兴趣、吸引注意或好奇的最大程度有多少？
14. 你所感觉到的快乐、高兴或幸福的最大程度有多少？
15. 你所感觉到的爱、亲密感或信任的最大程度有多少？
16. 你所感觉到的自豪、自信或自我肯定的最大程度有多少？
17. 你所感觉到的悲伤、消沉或不幸的最大程度有多少？
18. 你所感觉到的恐惧、害怕或担心的最大程度有多少？
19. 你所感觉到的宁静、满足或平和的最大程度有多少？
20. 你所感觉到的压力、紧张或不堪重负的最大程度有多少？

积极情绪的题项：1、4、8、11、12、13、14、15、16、19，计算出得分在 2 及以上的题项个数。

消极情绪的题项：2、3、5、6、7、9、10、17、18、20，计算出得分在 1 及以上的题项个数。

情绪积极率 = 积极情绪题项数/消极情绪题项数

情绪积极率越高越好，当小于 1.5 就要进行积极修炼了。

项目二 有效情绪管理

能管理好自己情绪的人，比能拿下一座城池的将军更伟大。

——拿破仑

学习目标

1. 了解什么是情绪管理；
2. 了解有效情绪管理的四种能力；
3. 掌握有效情绪管理的方法与技巧；
4. 将有效情绪管理运用到工作中处理他人情绪。

案例导入

王军就任村支书后通过县里电商进农村工程发展一镇一业的契机，推动了几个企业及农村合作社的产业发展，产生了显著的产业带动效果和品牌效应。同时，因个别企业发展较快造成了生产污物处理不及时，损害了群众的利益，导致村民集体上访。

面对上述问题，王军耐心地与几名企业负责人进行沟通，了解情况，耐心地倾听来访者的诉求和心声，明确表示"大家感受到愤怒是正常的，因为垃圾污物处理不及时影响到了大家的生活，同时我们也看到这家企业带动了产业发展，改善了大家的生活，我们现在要面对的是解决当下的问题。大家慢慢说说实际情况……"通过倾诉，来访者确实感到村里是有诚意了解情况和解决问题的，激烈的情绪减弱了很多。

在了解了项目进展情况后，王军坦然接受了来访者的建议，同时坦诚地传达并阐述了上级政府对区域产业发展带动百姓致富的决心和对垃圾污物处理事件的关切。

双方开诚布公地沟通后，王军紧急召开了由分管人员及涉事企业负责人参与的项目处理工作会议，找到了污物处理的症结并限时令涉事企业将垃圾污物处理到位，并及时在村委公告栏公示了本次事件的处理结果，获得了百姓的一致好评。

一、有效的情绪管理

（一）什么是情绪管理

情绪管理就是善于掌握自我，善于调节自己和他人的情绪，善于化解生活工作中因矛盾引起的不良反应，能以乐观的态度、幽默的情趣及时地缓解紧张的心理状态。

如案例中的王军处理群众上访事件的过程中，能有效地调节自身的情绪，还能排解对方的情绪，从而达到了有效的情绪管理的效果，事件得到了有效处理。

在工作中，若村干部情绪管理能力不足，在处理他人的情绪时就会演变成以下四种无效类型：

1. 交换型

若村委会答应给予当事人资金补偿，看似暂时稳定了群众的情绪，但没有从根本上解决问题，只要问题存在，同样的情绪还会再次出现。

2. 惩罚型

当上访人员提出诉求，若负责人一味地恐吓、压制、对抗，只能造成上访人员产生更多的对立情绪，无法有效地解决问题。

3. 冷漠型

认为对方是无理取闹，忽视对方的诉求和情绪，容易引发更大范围的事件。

4. 说教型

若王军一直强调产业发展必然会带来污染和不利影响，给老百姓讲大道理，不顾及对方的感受，就很容易使对方陷入更大的情绪对抗中。

（二）有效管理情绪的四种能力

1. 自觉力

能随时清楚地知道自己处于的情绪状态。

2. 理解力

明白情绪来源是自己内心的想法和信念，而不是来自外部的人和事。

3. 运用力

能认识"不良"情绪的正面价值和意义，比如愤怒的意义是积聚力量，恐惧的意义是保护能量等，运用它去获得更高的成功快乐。

4. 摆脱力

当"不良"情绪不利于自己的工作和生活时，能够使自己从这种情绪中摆脱出来。

二、情绪处理的钟摆效应

情绪处理的钟摆效应是指当一个人在某种情绪上降低了反应的强度时，其他的情绪强度也会有同样降低。所谓的负面情绪强度降低了，正面情绪强度也会同样降低，就像"钟摆"一样，左右两边的摆动幅度总是一样的。

有的村干部因为压力大，受不了情绪上的折磨，学会了"感觉麻木"，这是心理防卫机制在起作用，是对自身的一种保护，即不再对相同的事情有同样的情绪反应或反应程度降低。短时期内这样做是没有问题的，如果长期如此，对他是非常不利的——

不好的事不会伤害到他，好的事同样也不会使他感到欢欣、喜悦和满意。这种情况就像钟摆一样，左边摆得高右边也高，左边低右边也低，如果长期发展，最后钟摆就会停留在正中间一动不动。而这个心理上的保护墙一旦倒塌，便会出现很多混乱情绪。

每个人都希望避开痛苦的情绪，然而有些人因为矫枉过度，结果连那些想得到的情绪也失去了。例如，有人害怕失望，因此极力避开会导致失望的情况，如畏惧拓展人际关系、不敢接受具有挑战性的工作等。就短期来看他是避开了会使他失望的事情，可是同时他也失去了能使自己得到关怀和信心的机会。

尽量把自己的情绪强度扩大（重回较大的摆动幅度），这样，当收获喜悦、满足、自豪、信心等情绪时，就可以得到积极的正面情绪，达到左边摆动的最高点，心中充满了人生的意义和乐趣。因为左边摆动的正面情绪给了我们积极的影响，即使当右边摆动的负面情绪也达到了最高幅度时，我们也能承受。

三、情绪管理的方法技巧

（一）接纳情绪

每一种情绪都是一种内在的生命能量。读懂它、允许它表达，我们就可以体验到丰富多彩的生活。懂得每一种情绪所具备的意义和价值，我们会更加明白自己内心的渴望和需要，更好地管理自己。

愤怒：给我们力量，去改变不能接受的情况。

痛苦：指引我们去找寻解脱的方向。

焦虑和紧张：事情很重要，需要格外关注和照顾，已有的资料和能力不足，须培养新能力。

困难：以为需要付出的代价，比可以收取的回报大。

恐惧：不愿意付出，以为需要付出的代价远远大于得到的回报。

失望：分为对他人的失望和对自己的失望两种。对他人失望是因为自己无法控制他人而引起的；对自己失望，是因为不接受自己，感觉自己不够好。

悲伤：更珍惜已经拥有的（包括记忆），希望可以更有效地运用。

惭愧、内疚和遗憾：以为已经完结的部分还未完结，该做的事情还没做。

无奈：已知已做的全不管用，需要寻找要做的方向。

委屈：把小孩子需要父母的情绪投射在其他人身上，即"你没有给我你该给的"。

讨厌：我不想在这个地方、这件事上停留。

心虚：占了不该占的地方或位置。

烦躁：我不该在这里，可是不得不在这里。虽然有力量，但不知要去哪里。

愁：我不愿意在这里，可是不知道要到哪里去。缺乏力量。

嫉妒：是一个中转站，假如可以让自己提升，就转化为动力；假如不能让自己提升，又不接受对方，就转化为恨。

恨：是唯一一个没有正面意义的情绪，它毁灭自我和他人，用恨做铁锚，钩住彼此，我们将无法开始新的生活。转化恨唯一的方法就是学会感恩。感恩是成人的标志，感恩的"恩"是"我没有资格得到而被给予了"。生命中最大的"恩"是父母给予的生命，其中蕴含的爱和力量是我们最需要感恩的。

理解了所谓负面、消极情绪真正的意义和价值后，才更容易接受自己现在的状态，觉察并理解自己为何会有这样的情绪状态，觉察和寻找引发这种情绪的内在信念，思考如何改变，从这份情绪中解脱、获得力量或者改变行为方向。

（二）有效管理情绪的步骤

1. 自我认知

首先了解自己的情绪状态和情绪触发点。通过自我观察和反省，认识到自己的情绪模式和倾向，以便更好地管理和调节情绪。

2. 情绪识别

学会识别不同的情绪，包括愤怒、焦虑、紧张等。当自己或他人出现情绪变化时能够及时察觉并做出有效应对。

3. 情绪调节

学会控制和调节情绪，尤其是在面对压力和挑战时。使用一些有效的情绪调节策略，如深呼吸、放松训练、正面思考等。

4. 表达与沟通

学会有效地表达自己的情绪和需求，尊重他人的情绪。在与村民、同事等进行工作和交流时，通过积极倾听和表达，以增进彼此的理解和共识。

5. 寻求支持

及时与同事、上级、家人或朋友分享自己的感受和困惑，共同寻求解决办法和情绪支持。有时即使是简单的倾诉，也能有效纾解压力和焦虑。

6. 学习调适和应对

通过学习，培养一些应对压力和负面情绪的技能和习惯。这包括培养良好的自我管理、时间管理、有效应对挫折等方面的能力。

（三）意义换框法

意义换框法针对的是价值观的调整。"意义换框法"的目的是找出负面经验中的正面意义，提升做事情的动力。

它的原理基础是：世界上所有的事情本身是没有意义的，所有的意义都是人加上去的。既然是人加上去的意义，那么一件事情可以有一个意义，也可以有很多的意义；可以有不好的意义，也可以有好的意义。

同一件事情里面总有不止一个意义包含其中。找出最能帮助自己的意义，便可以改变事情的价值，使事情由绊脚石变为垫脚石，从而提升自己，这就是意义换框法。如何使用意义换框法走出困境呢？分四个步骤。

例：假设上级对我的工作非常挑剔、不满意，让我在工作时总是感觉做不好事情，非常沮丧。

第一步：表述为因果模式。

将现在面临的问题以因果模式表述处理为"因为……所以……"，即因为上级挑剔，所以我工作不开心。

第二步：使用意义换框句式。

把句中的"果"（工作不开心）改为它的反义词，再把句首的"因为"二字放到最后。
重新表述成为：上级挑剔，所以我工作积极，因为（　　　　）。

第三步：找出六种方法填好句子。

反复思考，如何才能把句子填写完整，要求至少填写出六种。上面的句子完整的表述：

◇上级挑剔，所以我工作积极，因为这样做能使他无法挑剔。

◇上级挑剔，所以我工作积极，因为这样做能使他改变对我的态度。

◇上级挑剔，所以我工作积极，因为这样做使我变得更加能干。

◇上级挑剔，所以我工作积极，因为这样做使我能更早创业。

◇上级挑剔，所以我工作积极，因为我要证明我可以做到。

◇上级挑剔，所以我工作积极，因为这样做能使我提升得更快。

◇上级挑剔，所以我工作积极，因为这样做能证明我能缓解任何压力。

◇上级挑剔，所以我工作积极，因为我要证明他不能控制我的情绪。

第四步：找出最有感觉的一句进行重复。

例如：上级挑剔，所以我工作积极，因为这样做使我变得更加能干。将这一句反复念六遍并记住。要真诚地相信，而不是形式上地应付自己。现在你再对比上一句"因为上级挑剔，所以我工作不开心。"你的内心感觉是不是比上一句更好，心里会更舒服。这是因为你内心的信念已经慢慢改变了。

应用练习

工作中处理他人的情绪

一、接受练习

接受是注意到他人的情绪，接受对方有一份情绪，并如实地告诉他。在接下来的三天内，请你关注经常与你有往来的人员，当对方有情绪发生时，请你注意到这份情绪，并如实地告诉他。例如："你看来有些情绪，能与我聊聊吗？"或"看来你有点情绪，发生了些什么，让你如此生气？"

接受对方的情绪，就是"你这个样子我是可以接受的，我愿意跟你沟通"的意思。

二、分享练习

找一个人（生活中的或工作中面临的客户）坚持在沟通的过程中，先分享情绪感受，再分享事情内容。例如："原来是这些事情导致你不开心，能否先告诉我你现在的内心感受？"如果你和对方情绪分享做得好，对方会表现得很平静，并且更客观地说出事情的细节，进而使问题得到良好的解决。

三、肯定练习

在与对方沟通过程中，肯定对方表达中值得肯定的部分，给予对方肯定后，会更容易与对方进行沟通，进而对没有效果的部分进行引导而促使对方产生改变。

例如案例导入中，王军反馈"大家感受到愤怒是正常的，因为垃圾污物处理不及时影响到了大家的生活，同时我们也看到这家企业带动了产业发展，改善了大家的生活，我们现在要面对的是解决当下的问题。"

给予肯定保留了对方的尊严和自信，令对方更愿意听从你的引导。

四、策划练习

在有效地处理完对方的情绪问题后，就需要处理事情自身的问题，即解决矛盾。这时你可以与对方讨论解决问题的方法，引导对方"下次同样的情况出现，怎样才是最好的处理方式，使得结果更理想？""你还可以采取哪些预防措施？"

知识延伸

积极情绪与消极情绪的天平

芭芭拉在《积极情绪的力量》中提出：一个人的积极情绪过多，会使人狂妄自大；消极情绪过多，则容易让人悲观沉沦。只有积极情绪和消极情绪达到3:1以上合适的配比时，积极情绪才能达到一个理想的状态，让人拥有战胜困难的勇气，并且能轻易地压制住体内的消极情绪。此时身体以积极情绪为主，伴有少量的消极情绪，身体能量犹如一曲优美华丽的乐章，时而高昂，时而宁静，时而欢快，时而紧迫，身体各个部分都能得到能量的有效滋润。

当积极情绪与消极情绪的比例小于3:1时，情绪就失去了平衡。例如长期压力之下，身体分泌大量压力激素皮质醇，导致胃酸分泌增加，增加食欲；血压升高，增加心血管系统负担；血液更多流向肌肉组织，减少消化系统和免疫系统的能量供给。所以长期压力下，容易发生胃肠疾病，免疫力低下，并且很容易感冒。

项目三　积极的压力管理

流水在碰到抵触的地方，才把它的活力释放。

——歌德

学习目标

1. 了解村干部压力和压力源；
2. 熟悉压力的本质；
3. 掌握压力管理的技巧和方法。

案例导入

随着我国社会经济快速发展，农村事业突飞猛进，基层是党的事业的落脚点和依托，抓好基层就抓住了根本。村干部任务重、工作多，面临着来自工作、家庭、社会等各方面的压力，很多村干部心理处于"亚健康"状态。这不仅给其带来极大的身心健康危害，而且严重影响了乡村振兴事业的有序推进。

在村干部压力现状调查中，仅有8%的受访者认为当前工作没有压力，而92%的受访者认为，当前工作压力大。

一、认识压力

当今社会，压力已经成为威胁村干部身心健康甚至是生命的最大杀手。当一个人压力过大的时候，最明显的反应就是肌肉紧张、心跳加快、血压升高、出汗等。生理上，压力过大会造成内分泌系统失调，如失眠、多梦等，同时容易引起消化不良、身体变凉、血栓增多、糖和脂肪溶入血液。

当我们感觉到压力来临，身体中的肌肉就会转变能量的来源，交感神经系统向肾上腺发出信号，释放肾上腺素、皮质醇等激素，"击退"被察觉到的威胁。这些激素会加快心率、升高血压、改变消化系统的活动、升高血糖。

当一个人认为处理所面对的事情所需要的能力超过自身所拥有的能力时，便感到有压力。

很多人能在大的压力下完成很多事，这证明他们其实没有能力不够的问题。事实上，事情还没有开始或者完结，当事人是没有资格说他自己的能力不够的。所以，事情从来都没有给人压力，压力总是一个人主观没有足够支持的判断的结果，也就是说，压力总是人们强加给自己的"我认为"。

其实，不仅维稳，应急突发事件、群众信任度问题、竞争等都会带来压力，像基层干部升迁、大型项目启动、重点业绩报告等所谓的积极的、好的事情给人的压力也是非常大的。所以，压力并不是负面事件的产物，凡是觉得重要而需要更多力量才能做好的事，都给人们带来压力。

在人类进化过程中，压力扮演着一个很重要的角色，它保证了人类"如何活下去"和"如何活得更好"两个最基本的生存目标。没有压力，人类不能进化到今天；但是，过大的压力又会使人类陷入这两个目标的相反方向。适当的压力能让村干部积极地面对所处理的事情，从而获得良好的工作业绩；但是过大的压力会使村干部自我意志消沉，与群众关系处理不好，从而陷入工作绩效下降的恶性循环。

二、村干部压力来源

良好的压力应对能力是评价一个人素质是否健全和能否健康发展的重要能力指标。面对困难、压力等不良情境时，村干部如何能够很快把自己的情绪调适到良好的状态，不仅关乎乡村振兴事业的发展，也关乎乡村百姓的生活是否幸福。村干部的工作压力来自如下几个方面：

（一）有序维护农村和谐稳定的压力

一是新阶段出现的农村土地改革、社保改革、不动产登记管理、扶贫资金政策落实等新问题，都涉及农村社会和谐稳定，基层干部都要具体地面对，逐一排忧解难，无疑是在考验基层干部的政策执行力和处理长期积累的老大难问题的能力。

二是基层群众上访的压力。近年来，农村上访的数量呈逐年增加的趋势。据统计，群众上访反映的最大焦点问题就是"三农"问题，"上访告状的80%是农民，反映的问题80%涉及村干部"。

三是农民群众对利益的强烈诉求。近年来，农民的利益意识逐渐被唤醒，并在实践中不断得以强化和提高，而且有从经济利益诉求向政治权利诉求转化的趋势。

四是市场化深入推进，群众法制意识欠缺，致使民间不和谐因素增多，本该诉诸法律或者道德约束的矛盾都需要基层干部参与协调化解，工作压力无形中加大。

（二）妥善处置应急突发事件的压力

面对复杂的社会环境，始终处在农村工作最前沿的村干部经常需要处置突发事件并承受其所带来的压力。农村突发事件时有发生，危害程度不可预估。为了有效预防或减少突发事件对人民群众生命和财产造成的损失，关键要有科学的应急管理预案，具备有力的抢险救灾、恢复重建组织的能力，这就对村干部的能力素质提出了更高的要求。另外，各级部门为层层落实责任，传导压力，确保工作质量，均实行突发事件应急管理问责追责制。如果对突发事件处置不当，造成不良影响和局面，村干部便要受到问责处理，这也会给村干部带来极大的心理压力。

（三）部分群众不合作不信任的压力

少数群众出现"不合作，不认同，不感恩"的"三不"心理。由于社会的发展，一些人对于出现的农民增收困难、城乡收入差距的扩大、官员腐败现象等情况无法正确理解，甚至怨气颇大，进而引发他们对村干部工作不认同，不配合的情况。于是，少数群众就出现了"有产有业不求你，交了税费不欠你；想啥做啥不理你，有了事情就找你，出了问题便骂你"的态度。

（四）自身能力素质亟待提升的内在压力

从基层干部精神压力的表征看，其内在压力主要来源于本人的经济状况、知识能力、人际关系等方面。当前基层干部不同程度面临物质生活困难，知识更新困难，职业发展困难等三大类困难。在所有干部中，期望知识更新的干部的工作绩效最好，而期望解决职业发展困难的干部工作绩效最差，期望解决物质生活困难的干部工作绩效处于两者之间。部分基层干部的理论水平和思想素质不高，独立分析解决问题的能力不强，对党和国家的政策方针往往理解不透、认识不深、贯彻不力，导致传达贯彻上级决策部署时，往往打"折扣"，结果是群众"有一半听不懂，听懂的有一半不会做，会做的有一半没效果"；在带领群众发展经济时，带头无方，致富无门，守摊子，混日子，这样的基层干部在群众中无威信可言。

（五）基层干部队伍内部竞争压力

由于岗位编制、领导职位的数量限制，基层干部在工作编制、职级提升、评优选模等方面的竞争也较大。一方面竞争有利于党政系统人事制度改革，激活队伍活力，提高干部素质；另一方面竞争也给中年干部带来巨大的压力，造成他们对个人前途的担心，对个人成就的焦虑等。

村干部是乡村振兴的开拓者，如何直面压力并进行有效的压力管理成为当下村干部面临的重要课题。

三、有效压力管理

（一）调整自我压力

1. 如何消除压力

运动是最直接的"治标式"消除压力的方法，有效的适当的运动能消耗储备的能量，增加大脑工作能力，想出方法、策划未来。唱歌、瑜伽、静坐也是很好的减少压力的方法。

2. 关键的不是压力，而是学会休息

我们在调查中发现那些既快乐工作业绩又优秀的村干部也会承受压力，不过他们更懂得如何从压力中放松和恢复。我们从积极心理学的角度看：压力本身没有问题，出错的是人们看待压力的方式。这就好比你去健身房练习举重，适当的压力可以拉伸你的肌肉细胞，让你变得强壮。但是如果你一直都在拉伸肌肉练习举重，没有丝毫休息，就难免受伤。压力也是这样，一直承受，就会不堪重负，影响工作和生活。所以，运动员在比赛前也会好好休息，不可能不分白天黑夜地练习。保持心理健康也是这样，如果不懂得休息，势必会带来焦虑甚至抑郁。

成人的注意力集中时间在60—120分钟，因此，我们的一天就需要认真工作、休息、认真工作、休息……这样我们不仅能高效率地完成工作，而且会很开心。我们可以通过不同方式的休息让自己从压力中恢复：

（1）认真工作90分钟后休息15分钟

休息得好才能更有效地投入工作。

（2）睡一觉

睡觉对提升工作效率、创造力和幸福感都是很有好处的。

（3）阶段性度假

即使工作再忙碌，也需要在匆忙赶路的同时欣赏外在的风景，给我们的生活引入自然的休息阶段，才是让工作与生活更长久发展的明智之举。

3. 专心做一件事

我们的村干部在同一时间面临的事务过于繁杂，往往不能专心于一件事情。但有的村干部依然能在压力下快乐地工作与生活，因为他们知道，该工作的时候认真工作，该休息的时候专心休息，一个时间段内专心做一件事，我们的压力就会小很多。很多村干部在工作了一天后，与家人相处时，对方会感觉与其相处并不轻松和愉快，甚至会觉得很焦虑。这是因为他们的注意力被分散了，他们没有全心全意地和家人相处。其实，单独地处理一件事情或面对一个人都是令人开心的，但是堆在一起后就不好了。"你不能同时负担太多美好的东西"，做事情的时候一心一意，胜过同时进行好几件你认为重要的事情。

（二）五步脱困法

五步脱困法也叫五步换框法，它是改变我们困境的一个系统方法，能快速破解我们的困境，找到行之有效的解决方法。

通过以下五个步骤，运用语言把消极的心态转变为积极进取的心态，找到行动目标和途径。例如，有人说他做不到某一件事，运用这个技巧可以分解为以下五句话：

困境：我做不到A。

改写：到现在为止，我尚未做到A。

因果：因为过去我不懂得……所以到现在为止，尚未做到A。

假设：当我学会……，我便能做到A。

未来：我要去学……，我将会做到A。（注：第三步因果中的"因"，必须是本人能控制或能付诸行动的事。）

以"情绪管理很难"这件事为例，运用五步脱困法，可改写为：

情绪管理很难。

到目前为止，我尚未掌握情绪管理的方法。

因为我过去不了解情绪，所以到现在为止，尚未做到情绪管理。

当我学会情绪管理的技巧，我便能做好情绪管理。

我要加强情绪认知和技巧训练，我将会做好情绪管理。

五步脱困法是一个用语言去帮助村干部摆脱困境的技巧，改变说话方式就可以改变其内心状态从而达到脱离困境、自我激励的目的。

（三）重燃工作激情

村干部每天都要面对形形色色的人与事，如果我们总是等自己的情绪准备好了才开始工作，就可能总是处于一种懒懒散散的状态。所以我们要让自己立即开始行动，如果你已经开始行动了——哪怕是强迫自己行动的，也可以通过工作来改变你的情绪和压力状态，在动态中改进，快速从休息状态顺利进入工作状态。

1. 5分钟起飞法

如果我们休息15分钟后，要开始下一个90分钟的工作，就需要经历一个"5分钟起飞"的阶段。很多状态不佳的人会觉得，必须受到鼓舞、激发，才能采取行动。然而，事实并非如此，我们首先要有行为上的改变，才能影响甚至改变我们的态度。哪怕是强迫自己行动，也可以改变自己的情绪状态。

2. 奖励自己

人要懂得奖励自己，如果你周一到周五认真工作了，那么，可以奖励自己利用周末时间好好休息。

3. 加强团队合作，让其他人来督促自己

4. 写下工作目标，分解成功的步骤

5. 允许休息

允许自己在某个时间段偷点儿懒。我们不是机器，不可能一直工作，休息放松是人类的天性。所以，我们需要遵从天性，才会增强我们的创造力、生产力和幸福感。

（四）给生活做减法

适当的工作加上适当的休息会带来较高的幸福指数。对于承受较大压力的村干部来说，要学会尽量简化自己的生活，适当休息。例如很多村干部边吃午饭，边打电话、发信息，这就不是休息，而是继续与压力共存。如果我们吃午饭的时候只是单纯品尝食物的美味，不做与吃饭不相关的事情，这就是很好的放松。中午吃饭及午休时间，有意识地不看手机、不发微信、不打电话，专心休息。你会发现，养成这样的习惯，下午的工作效率会提高。

做减法练习，即在接下来的一周内，每天减少使用手机1—2小时。或者在午餐或晚餐时，或者专门拿出一段时间，在这段时间里，你可以静坐或冥想，也可以适当地做些运动。总之，每天让自己在工作和生活中体会做减法的益处。

理想的状态是一方面给自己施压，另一方面通过休息来"弥补"压力带来的影响，通过这种调节，达到生活与工作的一种可持续发展的状态。如果我们不"弥补"，就无法做到可持续发展，我们可能就会经历焦虑、压力甚至心力交瘁。所以，简化生活和工作，适当休息是必需的。

应用练习

身体紧绷放松法

如果你感觉压力过大，影响了当下的工作和生活，建议你做一个练习：请你站立或坐在自己的座位上，慢慢地攥紧拳头并紧绷自己的身体，并深吸气，屏气坚持15秒钟，然后瞬间放松自己的手部和身体并呼气，体会一下瞬间放松带来的压力释放的感觉。

按照如上的放松法，持续练习3次，每次间隔1—2分钟。通过这个练习，我们可以有效地放松自己的身心，并使自己恢复到相对平衡的状态。

知识延伸

专业心理压力测试

压力既可以成为我们生活的助手也可以变成我们生活的阻碍。专业心理压力测试可以帮助我们了解自己所承受的心理压力程度。请用大约10分钟的时间如实填写下面这份压力测试问卷。

仔细考虑下列每一个项目，根据发生频率打分，然后将你对每一项目的评分相加，总分即结果。频率：总是——4分；经常——3分；有时——2分；很少——1分。

1. 我受背痛之苦
2. 我的睡眠不足且睡不安稳
3. 我头痛
4. 我腭部疼痛
5. 若需要等待，我会不安
6. 我的后颈感到疼痛

7. 我比多数人更神经紧张	8. 我很难入睡
9. 我的头感到紧或痛	10. 我的胃有毛病
11. 我对自己没有信心	12. 我会自言自语
13. 我忧虑财务问题	14. 与人见面时，我会胆怯
15. 我怕发生可怕的事	16. 白天我觉得很累
17. 下午感到喉咙痛，但并非由于染上感冒	18. 我心情不安，无法静坐
19. 我感到非常口干	20. 我的心脏有毛病
21. 我觉得自己不是很有用	22. 我吸烟
23. 我肚子不舒服	24. 我觉得不快乐
25. 我流汗	26. 我喝酒
27. 我很敏感	28. 我觉得自己像被四分五裂了似的
29. 我的眼睛又酸又累	30. 我的腿或脚抽筋
31. 我的心跳快速	32. 我怕结识新人
33. 我的手脚冰冷	34. 我便秘
35. 我未经医生的指示使用各种药物	36. 我发现自己很容易哭
37. 我消化不良	38. 我咬指甲
39. 我耳中有嗡嗡声	40. 我小便频繁
41. 我有胃溃疡	42. 我有皮肤方面的毛病
43. 我的咽喉很紧	44. 我有十二指肠溃疡
45. 我担心我的工作	46. 我有口腔溃疡
47. 我为琐事忧虑	48. 我觉得胸部紧迫
49. 我呼吸浅促	50. 我发现很难做决定

将自己的分数与下列分数做比较，就可了解自己的压力程度。

如果你的分数在43—65分之间，那么你的压力是适中的，不必寻求改变生活状态；如果你的分数低于43或高于65，那么你可能需要调整生活状态。低分者需要更多刺激，高分者则需要更好的压力管理。

93分或以上

这个分数表示你确实经受着极度的压力且它正在伤害你的健康。你需要专业的心理治疗师给予一些忠告，他可以帮助你消减你对于压力的知觉，并帮助你改变生活的状态。

82—92分

这个分数表示你正经历太多的压力且它正在损害你的健康，并令你的人际关系发生问题。你的行为会伤害自己，也可能会影响其他人。因此，对你来说，学习如何减少自己的压力是非常重要的。你可能必须花很多时间做练习，学习控制压力，也可以寻求专业的帮助。

71—81 分

这个分数表示你的压力程度中等，它可能正开始对你的健康不利。你可以仔细反省自己对压力如何反应，并学习在压力出现时控制自己的肌肉紧张，以消除生理激活反应。好的心理咨询师会对你有所帮助，或者选择合适的方式进行放松训练。

60—70 分

这个分数表示你的压力程度是相当适度的。偶尔会有一段时间压力太大，但你有能力去管理压力，并且可以很快令自己回到平静的状态。因此，它对你的健康并不会造成威胁。做一些放松训练是有益的。

49—59 分

这个分数表示你能够控制你的压力反应，你是个相当放松的人。也许你对于所遇到的各种压力，并没有将它们解释为威胁，所以你很容易与人相处，可以毫无惧怕地胜任工作，也没有失去自信。

38—48 分

这个分数表示你对所遭受的压力毫不在乎，好像并没有发生过一样。这对你的健康不会有什么负面的影响，但你的生活缺乏适度的兴奋，因此，趣味也有限。

27—37 分

这个分数表示你的生活可能是相当沉闷的，即使有趣的事情发生了，你也很少有反应。可能你必须参与更多的社会活动或娱乐活动，以增加你的压力激活反应。

16—26 分

这个分数表示你在生活中所经历的压力经验不够，或者你并没有正确地分析自己。你最好更主动些，在工作、社交、娱乐等活动上多寻求些刺激。做放松训练对你没有很大用处，但一些心理辅导也许会对你有帮助。

模块四　积极关系

各美其美，美人之美，美美与共，天下大同。

——费孝通

项目一　认识和谐积极关系

人生最大的财富便是人脉关系，因为它能为你开启所需能力的每一道门，让你不断地成长，不断地贡献社会。

——安东尼·罗宾

学习目标

1. 了解积极关系模型；
2. 熟悉积极关系基本要素；
3. 掌握构建积极人际关系的基本法则。

案例导入

"深怀一腔为民之情，善谋一方富民之策"，这就是某县小河村温书记的真实写照。自从他2014年4月担任小河村党支部书记以来，温书记切实把理思路、转作风、强调度作为工作的重中之重，把强班子、搭平台、提素质作为推进工作的有力抓手，在他的带领下小河村各项工作均位于全乡前列。

之前，因为村支两委工作思路不清晰，工作机制不健全，工作流程不规范，党务村务公开不及时，群众对村支两委工作不理解、不支持、不满意，事事刁难村干部，导致村委和群众的关系比较紧张。自温同志到小河村担任村党支部书记以后，他坚持"宣传惠民政策家喻户晓、调整产业结构致富群众、改善基础设施助推发展"的工作思路，走访群众100余户、召开座谈会5次，访民情，聚民智，收集各类意见建议50条，切实找准了工作的着力点。

一位村民由于上届村干部承诺给他危房改造的指标没有兑现，他一直不支持村里工作。温书记就主动地入户走访，与其进行沟通，倾听他的问题、意见甚至是抱怨，他们谈了一个多小时。通过沟通，温书记了解了他对村务公开、惠民政策的落实意见很大。得知具体情况后，温书记又多次到他家里拉家常、讲政策、算细账，开阔了这位村民的致富思路，让他更清楚地了解当地的惠民政策。如今这位村民不单很支持工作，还积极参与到辣椒种植中，年收入达5万元。他经常说："多亏有了温支书的耐心引导，我才走上了今天的致富路。"

为了更好地为群众办实事、解难题，温书记还推动建立了村集体办公日制度，将每周星期二作为村集体办公日，集中为群众办理服务事项，倾听群众心声，主动与群众沟通日常困难和问题。同时每天明确一名村干部做好值班服务工作，村支两委的公信力得到显著提升。

温书记通过积极主动地接近群众，耐心倾听群众问题，积极帮助群众解决实际问题，让村委和群众建立了积极的关系。这非常值得我们的村干部学习借鉴。

一、积极关系模型

（一）什么是积极关系

积极关系是人际关系中一种重要的状态，它包括学习换位思考和人际沟通的技巧，建立爱与被爱的能力。村干部需要培养自己建立积极人际关系的能力，了解关系中的自我、他人与情境的相互关系，学习积极有效的沟通技巧，构建积极、稳定、互相支持的人际关系。

村干部在个人生活、公共事务中能有效地建立积极关系具有多方面的意义和价值。对个人而言，积极的人际关系可以提高我们的心理健康，减少焦虑、抑郁等负面情绪，增强对自己的情感支持，感受到自己的价值和重要性，提升幸福感、自信心和自尊心；对于团队和组织，积极关系可以提高工作效率和创造力，增强团队凝聚力，让团队成员之间关系更加融洽，创造更好的工作氛围和业绩；对于社会而言，良好的人际关系可以提高社会凝聚力和稳定性。

（二）积极关系的本质

人际关系是村干部必备的一项能力，然而，要建立良好的人际关系并不容易，需要我们深入理解人际关系的本质，即互相扶持、彼此赋能的过程。

人际关系的本质是互相扶持。每个人都有自己的优势和弱点，彼此之间的扶持能够弥补彼此的不足。通过帮助他人克服困难、提供支持和鼓励，双方共同创造一个适合成长的环境。只有在互相扶持的基础上，人与人才能够建立起持久的信任和友谊。

人际关系的本质还包括彼此赋能。当我们相信对方的能力，并给予对方支持和机会时，我们实际上是在帮助他们实现自身的潜能。通过分享知识、提供资源和创造机会，我们激励对方去追求更高的目标。同样，当对方有足够的能量时，也会积极给与我们一定的支持与帮助。这种相互赋能的体验不仅能够增强彼此间的信任和合作，还能够让我们的人际关系更具意义和价值。

正如案例导入中的温书记，初心就是为群众解决问题，主动与群众沟通，倾听群众心声，积极解决群众困难。反过来，群众就会为村委点赞，以集体为荣，积极为村里做贡献。

（三）不同类型的积极关系打造人生幸福

在人际关系的广泛范畴中，配偶、亲戚、亲密的朋友、同事及经常往来的工作对象等都能与我们产生积极关系，进而让我们产生持久的幸福感。

作为基层管理者的村干部，能处理好与配偶、亲戚、朋友、同事及群众的关系，就能很好地保持生活与工作的平衡，掌握生活幸福的密码。

1. 婚姻

作为基层管理者，村干部每天的事务繁杂、工作压力大，良好的婚姻家庭关系，能有效调整身心状况，从而让村干部更加积极地面对日常工作。婚姻为人们提供了更好的心理和生理的亲密感，提供了一个为生儿育女而建立的家庭环境，提供了作为配偶和父母的社会角色，是一种自我认同和养育后代的生活背景。幸福感强的人更容易建立幸福的婚姻。

性格、能力、个人魅力、态度、兴趣、价值观相似的配偶，更能体验到婚姻的美满并保持婚姻关系。相似的人之间容易移情，我们更容易理解和我们相似的配偶。所以，在选择配偶时，应选择在价值观方面和自己相似的人。较高的婚姻满意度与在婚姻中能充分交流、相互尊重、宽容谅解等因素关联在一起。因此，积极的婚姻关系能给基层管理者带来更多的幸福和更好的工作状态。

2. 亲子、亲属关系

一个人与家族成员之间关系密切，会使其获得幸福感。具体的做法包括：与家庭成员保持定期的联系、制订能够和家人保持亲密接触的生活计划等。村干部即使平时工作再忙碌也要抽出时间与家人、孩子、亲戚进行沟通联系，这样能更好地树立个人的内在积极的心理状态。

保持与家庭成员之间的联系不仅增进了彼此之间的亲情，而且给自己带来幸福，提高了自身免疫系统的机能，进而改善身心状态和工作状态。

3. 友谊

每个人都有跟自己走得比较近的三五好友，和几个亲密可靠的人保持友谊可以增加主观幸福感。可信赖的人际关系与幸福相关的因素有三个：

第一，幸福的人最可能被人选作朋友和信任的对象，因为作为同伴他们比愁眉苦脸的人更具魅力；

第二，建立互信关系能够满足人的归属需要，令人感到幸福和满意；

第三，亲密的友谊可以满足个体的社会需要，让人找到生命意义。

所以，作为基层管理者也需要在工作之外结交几个要好的朋友，并与他们保持密切的联系，这对自己的身心健康有莫大的好处。

4. 熟人

在日常工作中村干部会建立起一些群众关系、熟人关系等。与熟人处事是获得幸福的一种有力来源。为了增进自身的幸福感，我们应该学会促进熟人合作而非竞争的策略，长期的合作将为双方提供支持与帮助。

二、积极人际关系基础

（一）黄金法则与白金法则

人际关系中的黄金法则是指"你希望别人怎样待你，你就要怎样待人"。你希望别人对你好，你要先对别人好；你希望有困难的时候别人能帮你，那么，在别人有困难的时候你就先帮他们。黄金法则从自身角度出发存在着局限性，随着社会的发展和进步，白金法则日益成为人际交往的关键。

白金法则是一种人际交往的指导原则，其核心理念是"别人希望你怎么对待他们，你就怎么对待他们"。白金法则强调：我们在与人交往时，应该关注对方的需要和感受，并以对方认为最好的方式去对待他们，而不是单纯按照自己的喜好来行事。

这个原则的本质是学会真正了解别人，然后以别人认为最好的方式对待他们，而不是我们认为的方式。在日常生活中，我们应该多花时间了解别人，关心别人，从别人的角度考虑问题，然后调整我们自己的想法和行为。

（二）积极关系基本要素

维持满意的积极关系有两个基本要素：时间和交流。如案例导入中的温书记，就是抽出了很多时间，一次次地和群众进行深入交流，他才能真正地解决群众的问题。所以，村干部需要抽时间，尽量多地走访群众，与他们进行情感上的交流，这样才能建立良好的干群关系。村干部应该将与群众的关系视为一项重要的积极关系进行维系。村干部需要花时间和群众在一起，有时候还要主动跟群众联系，在忙碌工作的同时，及时发现沟通和联络的空白点，并进行弥补。

构成良好的人际关系的第二个要素是坦诚交流。敞开心扉是把我们与朋友、群众联系起来的纽带，与群众交流时，我们可以坦诚地谈论自己的经历、想法和在基层工作中的具体感受。良好的关系包括敞开心扉、坦诚沟通，这意味着我们愿意坦率地交谈，愿意适时表露自己的情感。

（三）积极关系的7个特征

1. 一段积极的关系可以带给对方最好的

在一段积极关系中，你喜欢和他们在一起时的自己，因为在他们面前，你会感到舒服、自信和快乐。积极的关系不仅可以帮助我们感觉良好，还可以帮助我们变得更好。每个人都在自己的成长过程中，通过最好的关系的鼓励和支持来实现这些个人目标。

2. 你可以将事情处理得很好

在处理基层事务时村干部难免会碰到冲突，我们要学习更积极更智慧地面对冲突。遇到冲突并不一定是要我赢你输，而是需要做到积极的讨论。如果你还没准备好不妨稍作休息，无论是30分钟还是几天，当彼此都准备好时，我们再来解决冲突。如果彼此都想保持这份积极关系，那关系中的双方都需要尊重彼此，并坦诚地讨论问题。

3. 保持个人的身份

每个人都有自己的价值观和喜欢的生活、朋友与爱好。但当你面对同事和工作对象时，就是处在不同的关系中，"我"就变成了关系中的"我们"。这时，你首先要做好自己，才能更积极地与别人相处。在人际关系中，保持并增强自我意识，会使你更有能力在与同事和工作对象的相处中保持良好积极的关系。

4. 轮流互相支持

无论是朋友、同事还是熟人、工作对象，随着时间的推移，所有的关系都会经历许多自然的变化。认识到生活中这些不断的变化是正常的，并表现出同理心是共同前进、强大彼此的关键。

5. 互相倾听

村干部要在处理同事与客群关系时，做到有效倾听。这不仅仅是在轮到你说话或主动提供建议时，积极的和谐关系还包括为彼此保留空间并真正倾听。你想成为更好的倾听者，就尝试告诉对方，然后进行反馈确认，例如："听起来你对当前这个问题感到困难，因为你认为村委没有处理好你所提到的这个问题。我没听错吧？是这样的吗？"同样，当你真诚地做好一位倾听者时，对方也会耐心将你的话听完，进而达到互相倾听的目的。

6. 互相帮助实现自己的理想

一个伟大的合作伙伴不仅会看到你现在的身份，还会看到你可能成为什么样的人以及你想成为什么样的人。他们支持你，激励你实现梦想。

最好的关系实际上会点燃你内心的火焰，把你带到一个你永远无法独自到达的新高度。积极的关系会推动你并让你变得更好,因为对方看到了你内在的某些东西,而这些往往是你自己看不到的。

7. 共同成长

关系不是一成不变的,它会随着时间的推移而改变,因为关系中的人也在成长和变化。伟大的关系是建立起来的,而不是被发现的。建立起来的关系需要不断地维护,最终积极的关系被保持下来,成为促进彼此共同成长的长久关系。

三、构建积极关系的方法和技巧

（一）建立积极关系的基本方法

1. 以真诚的态度对待他人

当你以真诚待人时,更容易打动人,真诚使人感到安全,让人放下戒备。

2. 讲求信用

一个守信的人更能得到别人的信任。

3. 学会包容

人无完人,每个人都有自己的棱角。在基层工作中,村干部与同事或群众相处难免会有小摩擦,这就需要我们包容他人,不要苛求他人完全符合你的要求。其实我们在包容别人的同时,别人也在包容我们。

4. 以积极的心态看待当前的人际关系和所接触的人

有时候情况没有想象中的那么糟糕,当你以积极的心态去看待和对待一段人际关系时,你会发现一切都会变得积极和美好。

5. 主动沟通

在和他人相处中遇到问题,不要回避,回避会使双方的关系僵化。主动地和对方沟通,尝试着解决矛盾。

6. 把握原则

在和他人相处的过程中,互相包容是有必要的,但这并不意味着要无原则地一味迁就对方,我们在原则性问题上需要坚守立场。

7. 让自己感到愉快

让自己感到愉快不是随心所欲,而是学会在处理一段人际关系中使自己的愉悦感最大化。这种最大化的愉悦感可以通过自己的心理来调节,也可以通过选择相处方式来达到,或者是通过其他积极合理的方式来达成。

（二）亲和力建立和谐积极关系

亲和力是建立和谐积极关系的重要方面,也是一个人人际关系技能成熟的表现,能帮助村干部更有效地建立和谐积极的人际关系。具备亲和力的人能让沟通变得轻松自在,可以在沟通中获得更多信息,别人也愿意和你分享更多事情,因为别人喜欢与你相处。

1. 学会采取主动

亲和力的建立，需要你采取主动，积极敞开胸怀主动与别人交流，先采取礼貌性用语主动开始一段谈话，或先提出一个问题等。

2. 学会聆听

具备亲和力的基层干部，都不会十分强势，也不会说话滔滔不绝。他们大都善于聆听。如果遇到群众上访问题，作为村干部首先要学会聆听，让对方把话说完，弄清楚对方的观点，偶尔提出问题，再做判断和回复。这样，对方会感受到被尊重，聆听者才能有效地收到对方传达的信息，才能建立良好的积极关系。

3. 学会分享更多

具备亲和力的人，懂得向别人分享更多。因为积极和谐的人际关系是需要双方不断加深对对方的了解、理解和认知的，沟通过程中你分享得越多，别人越容易了解你，这样彼此之间的人际关系会更加紧密。

4. 学会建立联系

优秀的村干部，会常常记住与周围工作的领导、同事和群众有关的2—3件重要的事。例如，他们的兴趣、孩子的名字或某件生活中的小事，能与周围的人建立多少联系，取决于你们之间有多少共同的地方。例如，共同的兴趣爱好、共同的习惯、共同的话题等。具备了这样的共同环境，你能与更多人建立联系，人际关系也就变得更加积极和谐。

5. 平等和尊重

村干部无论职位身份高低，都需要学会平等待人和尊重别人。具备亲和力，本身就已经超越了身份和地位，你自己内心没有心理等级，身边的人才会感觉与你交流共事轻松自如。

（三）有效沟通建立和谐积极关系

1. 善于倾听对方

上文我们已经提到了要学会聆听，沟通中同样需要善于倾听，如果你具有倾听技巧，试着用耳朵去读懂他人的心灵，就会以诚于中、形于外的品格，赢得对方的信赖。

2. 沟通中看着讲话的人

如果面对来访的群众，你在认真地和对方讲话，而对方却心不在焉，甚至在玩手机，对于这样的回馈你会是什么感受，反之亦然。合格的听众在贡献耳朵的同时，还要专注于对方说的话，不要心不在焉、面无表情，同时不要轻易打断别人的话，要注意时不时地做出一些语言和表情上的反应，表示你对他的话感兴趣。

3. 乐观面对生活

我们一直在阐述积极心理学对人生幸福构建的重要性，所以我们在沟通中不要总是抱怨，学会乐观地面对生活和工作。当我们面对工作中遇到的难题时，高兴地对自己说"幸亏不是遇到了天塌下来的事儿"；学会对自己说"没关系"；下雨就撑伞，抱怨老天是没用的；放下内心的包袱，该道歉就道歉，不要刻意追求完美；走自己的路，别人说什么是别人的事情。

4. 在情绪中不要沟通，尤其不要做决定

情绪中的沟通常常无好话，既理不清，也讲不明，而且在情绪中很容易冲动，失去理性。所以在情绪中不要沟通，尤其是不能够在情绪中做出情绪性、冲动性的"决定"，这很容易让事情不可挽回，后悔莫及。

5. 如果做错了，就承认错误并且勇于说对不起

"承认我错了"是沟通的消毒剂，可解冻、改善与转化沟通的问题。一句"我错了！"就能缓和很多社群沟通中的紧张情况，能勾销很多的新仇旧恨，能化解多少年打不开的死结。说对不起，不代表我真的做了什么天大的错事，而是一种软化剂，能够使事情有转圜的余地，甚至还可以创造沟通的新境界。

6. 重视非语言沟通

在沟通中，语言文字只占7%，语气语调占38%，非语言类沟通的肢体语言占55%。非语言信息，包括沟通者的表情、音调、目光、手势等多种表情及身体语言信息。因此，如果你是信息传递者，你必须确保你发出的非语言信息起到强化语言的作用。如果你是信息接收者，你同样需要密切注视对方的非语言提示，从而全面理解对方的思想和情感。

应用练习

了解人性的需求

成功的人际关系在于能否捕捉到对方观点的能力，看一件事情得兼顾自己及对方的不同角度，同时每个人都有自我表现的欲望，自我表现是人类天性中最主要的需要。

希望你感激他

这是人性最基本的原则，人人都渴望得到感激。对自己的付出，人们是从内心深处渴望被感激的。

期待你宽恕他

不轻易宽恕别人的人往往不能诚实地面对自己，他们不是过分地自大，就是十分缺乏安全感。

几乎所有的问题均来自未能解决的冲突，这些冲突使人身心极度压抑。宽恕是坚固的关系中最根本的，必须具备的条件，因此人们渴望得到宽恕，宽恕使我们从罪恶感中得到解脱，让我们以积极正面的态度与人交流。

需要别人注意和重视

对他人好不是一种责任，而是一种享受，因为它能增进你的健康与快乐，你对别人好的时候，也就是对自己好的时候。

希望别人了解他，受到尊重，成为重要人物。

人类本质中最深远的驱动力——希望具有重要性。人类本质中最殷切的需求——渴望得到他人的肯定。

如果你希望别人——感谢你、赞美你、宽恕你、重视你、了解你，你就一定要做到：

最不重要的话：我（最少引起共鸣）。

最重要的话：我们（最易引起回响）。

最重要的二字箴言：谢谢（感激）。

最重要的四字箴言：你怎么想（倾听）。

最重要的五字箴言：你真太棒了（鼓励）。

最重要的六字箴言：我想多些了解（了解）。

知识延伸

积极关系心理测试

以下是一份关于积极关系的心理测试，旨在帮助你了解自己在人际关系中的态度和行为。请根据自己的实际情况，选择最符合你的答案。

1. 当你遇到困难时，你首先想到的是：

A. 自己解决

B. 向亲朋好友寻求帮助

C. 放弃

2. 你认为以下哪种行为最能体现关心他人：

A. 主动询问对方的近况

B. 给予对方物质上的帮助

C. 陪伴对方度过难关

3. 在与他人交流时，你更注重：

A. 表达自己的观点

B. 倾听对方的需求

C. 寻找共同点

4. 当你与朋友发生分歧时，你倾向于：

A. 坚持自己的观点

B. 沟通协商，寻求共识

C. 避免争执，保持距离

5. 在团队合作中，你更愿意扮演：

A. 领导者

B. 成员

C. 观望者

6. 当你遇到心情低落的朋友时，你会：

A. 给予鼓励和支持

B. 提出建议和解决方案

C. 保持沉默，给予空间

7. 你认为以下哪种行为最能体现尊重他人：

A. 赞同对方的观点

B. 尊重对方的决定

C. 包容对方的缺点

8. 当你与陌生人交流时，你更注重：

A. 礼貌和友善

B. 信任和真诚

C. 谨慎和防备

9. 在面对挫折时，你倾向于：

A. 乐观面对，积极应对

B. 悲观失望，寻求安慰

C. 冷静分析，寻求解决方案

10. 你认为以下哪种行为最能体现友谊：

A. 互相帮助

B. 互相信任

C. 互相陪伴

答案解析：

1. A：独立性强。B：人际关系良好。C：依赖性强。

2. A：关心他人。B：物质支持。C：陪伴支持。

3. A：表达自我。B：倾听他人。C：寻找共同点。

4. A：坚定立场。B：沟通协商。C：避免冲突。

5. A：领导力。B：团队协作。C：观望态度。

6. A：鼓励支持。B：建议帮助。C：给予空间。

7. A：赞同尊重。B：尊重决定。C：包容缺点。

8. A：礼貌友善。B：信任真诚。C：谨慎防备。

9. A：乐观积极。B：悲观失望。C：冷静分析。

10. A：互相帮助。B：互相信任。C：互相陪伴。

  根据你的答案，可以初步判断你在积极关系方面的心理状态。如果多数答案为 A，说明你在人际关系中较为独立，注重自我表达；如果多数答案为 B，说明你擅长沟通，关心他人；如果多数答案为 C，说明你在人际关系中较为谨慎，注重自我保护。这有助于你更好地了解自己在积极关系方面的优势和不足，从而有针对性地进行调整。

项目二　培养亲和力和共情力

穿上他人的鞋子，走一英里的路，你便能深刻理解他人的处境。

——哈珀·李

学习目标

1. 熟悉积极关系中的亲和力和共情力；
2. 了解工作中亲和力的提升法则；
3. 掌握共情力构建积极关系的方法；
4. 掌握亲和力感知回应的应用。

案例导入

在一次村委会群众沟通座谈会后，村委会约好下午6点准时用餐，但是时间到了，前期对村里工作提建议比较多、帮助比较大的一位老人迟迟没到，村书记王磊就打电话问他，他说家里临时出了点事情，可能晚点儿，让大家不要等他。王书记笑着说："那怎么行，我们就是一个大集体，您不来我们吃起来也不香。"于是，王书记让人出去买了些瓜子和水果，让大家先吃着，等老人来了大家再开餐。老人到了，看见大家都没动筷子，感动得眼睛都湿润了，他紧紧地握住了王书记的手……亲和力强大的领导，与百姓心连心，干群关系更加和谐融洽。

一、建立和谐积极关系中的亲和力

（一）什么是亲和力

亲和力是一种用肢体或语言表达就能让其他人产生亲切感的个人魅力。"力在则聚，力亡则散"，有亲和力的双方就是有共同力量表示的双方，这种友好表示，使得双方合作在一起，有一种合作意识和趋向意识，以及共同作用的力量。

亲和力源于人对人的认同和尊重，很多时候，亲和力所表达的不是人与人之间的物理距离的远近，而是心灵上的通达与投合，是一种基于平等待人的相互利益转换的基础。真实的亲和力，以善良的情怀和博爱的心胸为依托，是一种发自内心的特殊禀赋和素养。

（二）村干部亲和力的体现

"礼之用，和为贵。"村干部的"和气"主要指的就是村干部在工作与生活中表现出来的亲和力。中国共产党的许多优秀党员、干部的执政实践让老百姓感到一种亲和力，这种亲和力像和煦春风拂面而来，给人心旷神怡之感。有了这种亲和力，就有了汇聚人心的正能量。村干部的亲和力，主要体现在熟悉民情、关注民生、睦邻友善和上下相亲等多个方面。

熟悉民情、体察民意的村干部让群众产生亲近感，他们着力给老百姓办实事、办好事，解决民生问题，只有这样，他们与群众的距离才会越来越近，感情才会越来越亲。村干部以和睦、宽容、亲切的态度与同事、朋友、邻居、普通百姓平和相处，不失人民公仆本色，居功不傲，低调行事，谦卑为人，让老百姓感到可亲、可近、可交、可信，真正让老百姓感受到村干部的个人修养和亲和谦卑的品格。

二、建立和谐积极关系中的共情力

（一）什么是共情力

村干部每天面对的是大量村里的事务和村里的老百姓，难免会受情绪的困扰。成年人的情绪很多时候是非理性的。在处理事务和与群众交流沟通时，如何才能避免被情绪困扰，取得一个令双方都满意的结果？答案就是学会沟通的底层逻辑，拥有共情能力。

共情其实就是一个人能准确地了解另一个人的需求，并做出正确反应的能力。要想做到共情，我们必须拥有同理心，有利他精神，做一些对他人有好处的行为。所以共情不是一种情绪，而是一种能力，这项能力是与生俱来的。在沟通中，共情是最底层的逻辑能力。这种能力是双向性的。

（二）共情能力强的特点

1. 喜爱动物

即使是动物也会被那些敏感并且真正关心它们的人所吸引。共情能力强的人对宠物会给予关爱，平时愿意多拥抱宠物，与它们玩耍，有条件还会尽力收养它们。

2. 生活中或电视上的恐怖事件使他们不知所措

在新闻、电影和电视上看到不愉快或悲惨的事，会使共情能力强的人感到心烦意乱，甚至使他们流泪、生病或焦虑不安。

3. 能够体会到别人身体上的不适

共情能力强的人就像海绵，吸收着周围人的感情。别人的一举一动、头疼脑热都会吸引他们的关注，他们对别人的处境能够感同身受。

4. 能够识别出别人是不是说谎

共情能力强的人很容易识别出一件事情或一个人不对劲儿之处。因为他们很容易读懂别人的情绪,更容易发现某人是不是在撒谎,证据就在于那个人的行为与言语不一致,或者所说的事情与事实不符。

5. 竭尽全力帮助痛苦的人

别人的伤像是自己的伤,共情能力强的人希望帮助受伤者,觉得对周围人的幸福负有义不容辞的责任。

(三)基层工作中共情力的表现

1. 与群众情感的链接

比如:当群众来投诉或反馈建议时,我想不出有什么办法来解决这个问题,这让我很愤怒,我感觉我做什么对事情都是无效的。

此时,我们可以这样回应:我感受到了你的这种挫败感,你觉得面对这个问题,你已经尝试了很多种不同的方式想要解决,但是最终这些方式好像对解决问题还是没有太大的用处。我从你的话中感受到了你的愤怒,你的做法无法起到很好的效果,而使你感到很深的无力感。

这就是先指出当前对方明显能感受到的不舒服的感觉,然后帮助对方分析将这种感觉归纳为无力感,尽管对方没有表达,但是这份无力感被我们看到了。如果这时候我们的感受是对的,那么来访的群众就会有更积极的回应,因为他得到了尊重,在感情上也被理解了,为更好地解决事情打下了基础。

2. 对非语言行为的回应

有的村干部在和来访客户沟通的时候,情绪比较激动,说话不太礼貌。这其实需要我们去觉察对方语言背后的非语言行为。

比如:群众说,你们村委就是处理不好这样的事情,我都反馈了很多次了,就是得不到解决,我对你们这种做法很气愤!

你可以回复:嗯,您好,听到您这样说,我感觉到您很生气,您是觉得跟我们反馈了很多次,事情没有得到解决,是吗?您这样愤怒其实看起来很沮丧,很郁闷,我还感受到,您是不是有些难过?

人最重要的是被看到,当村干部能看到群众行为背后的情绪,对其非语言行为进行回应时,群众就会感觉完全不一样。

3. 呈现出视觉画面

比如,当你跟同事交流时,你的头脑中呈现出一幅画面,这时你可以将这个场景跟同事分享。你说:你知道吗?当你在跟我说到这部分的时候,我能想象出你坐在办公桌前,周围都是同事,大家围绕着你、称赞你,给你很多支持性的良好评价,我感觉你好像很激动。这样交流是为了让对方感觉到被我们深深地共情。

4. 自我暴露

在对方袒露自己的想法时,我们可以很好地表示自己也曾经有过这样的经历,以此表达对他的理解。比如对方说:我真的没办法了,创业又失败了,我真的是个失败者。

你可以说:你知道吗?之前我曾经也有过这样一段时间。那时候我在×××工作,感觉人际关系也处理不好,工作压力很大,很想逃避,又无处可逃,很难受很挣扎,我也是花了很长时间才走出来了。

5. 用可感触到的方式给予对方回应

这就类似我们是对方的镜子,客观不评判地照出对方的经历。

比如同事说:每当你跟我的领导有矛盾的时候,我就尝试去调和,但是我觉得我里外不是人,既维护不了你,也得罪了我的领导。

你可以回应:当你告诉我你的这些感受时,我也体会到了纠结,让你夹在我跟你的领导之间,你一定是受折磨的,我感觉此刻我的肚子好像都在拧巴着。

上面五点共情的方式可以为你跟同事、群众相处时注入润滑剂,帮助你与他人的良好相处,这些都是自然而然的反应,如果你能在生活中熟练地运用这些技巧,你会有很大的成就感和在积极关系中的满足感。

三、提升亲和力和共情力的方法和技巧

(一)基层工作中亲和力的提升技巧

在基层工作中我们要训练自己从如下几个方面进行亲和力的修炼。

1. 村干部在基层工作中做事情要拿捏好分寸

在与群众沟通的时候,村干部应该保持着中等音量,就像你和朋友聊天时使用的音量。你使用的音调应该让对方觉得坦诚,声情并茂,自然,没有任何虚情假意的情绪渲染。

2. 换位思考,感受对方的感觉

在决定是否接受你说的话之前,群众会首先决定是否接受你这个人。如果你能够让群众相信你的世界观和他们的基本相同,那么他们不但会觉得你有同理心,而且会与你产生共同的感触,会相信你在与他们沟通时,能认真倾听。因此,如果你希望大家认同你,那么首先你要认同对方。

3. 微笑,真心地微笑

当我们真心地微笑的时候,这种温暖的感觉是有力量的。心情愉悦让我们露出微笑,微笑让我们心情愉悦。这种面部表情是有传染性的。村干部在处理工作时,能真心地面对群众并对他们保持微笑,这能让群众感受到你是一个性格开朗、内心阳光的人,他们也会不由自主地微笑,从而令双方产生良好积极的关系。

4. 愿意帮助别人

每个人都会有遇到困难的时候，当别人遇到困难的时候，你热心地给予帮助，你将会获得积极的社会关系。尤其针对群众的来访，群众一定是有了具体的困难才会来访，作为村干部需要设身处地地考虑对方的难处，并提供力所能及的帮助。这样做会大大增进群众对村干部的信任感。

5. 和大家"打成一片"

村干部要和群众"打成一片"，这里说的"打成一片"是指村干部与群众平等相待，关系融洽，没有隔阂。换位思考一下，如果我们单位的领导能够平等待人，我们都会认为这个领导很亲民，大家有心里话都愿意跟他讲。就像案例导入中的王书记，始终把自己和群众定位为一个整体，大家都是一样的，直到大家都到齐了后，才开始用餐，这就是与大家"打成一片"的表现。

6. 尊重别人，心存感激

当我们处处尊重别人，得到的回报就是别人处处尊重你，所以尊重别人其实就是尊重自己。村干部面对的都是基层的老百姓，他们有不同的年龄、习性和价值观，我们需要做的就是尊重对方的价值观，在此基础上才有平等的沟通和亲和关系的建立。

我们在处事的时候还要心存感激，对于别人的好意和帮助，如果你感受不到，别人可能就会生出种种怨恨。"滴水之恩当涌泉相报"，我们在日常处事中可能暂时做不到这一点，但我们可以"投之以桃，报之以李"，无论是和同事相处还是面对群众，时时处处想着别人，感激别人。

正如案例导入中的老者，在这次会议和聚餐中受到了村书记的尊重，他也会心存感激，从而在日后的村工作中发挥更大的作用，影响更多的村民。这也是尊重和感激在积极和谐关系中起到的作用。

（二）提升基层工作人际关系中共情力的技巧

1. 照镜子法

人一般对自己最熟悉，当他看到与自己行为很相似的行为就像在照镜子时，就会莫名地有亲切感。这其实是大脑中叫镜像神经元的东西在发挥作用。在生活和工作中，如何才能产生让对方产生亲切感的照镜子一般的效果呢？我们可以从穿着上与对方保持类似，行为上保持一致，这样就能减轻你的紧张，消除你与周围环境格格不入的感觉，拉近你与对方之间的距离。

2. 同频法

同频强调的是开口说话，说话时要让对方有一种"你好懂我"的感觉。在处理日常基层事务中，村民遇到了难事，向村委会领导反映情况，这可是经常会发生的事情，但不同的村干部却有不同的回复。

"这事有什么难的,在你这儿怎么就出问题了呢?"

"我理解你的处境,在你这个角度来看,这确实是个很难的问题。"

你说,这两种回复的话,哪种更容易让群众喜欢呢?肯定是后面这种。

要想快速达到同频,还有一个小秘诀,那就是"先跟后带"。

"先跟后带"是心理学的方法,有两个动作即跟进和引领。"跟",是对人情绪的确认,也就是我们平日所说的顺着对方的语境沟通;"领",是引领行为,给对方一颗定心丸,让动作形成闭环。比如,一个村干部的工作是在乡镇里的便民服务大厅轮值,如果事情解决不好投诉特别多,但他学会"先跟后带"这个方法后,就改善了原有的情况。乡镇里的便民服务大厅内人特别多,办业务需要排队,有些业务即便排队了还不一定一次就能办成。所以有的群众难免着急、上火。此时工作人员应首先确认对方的情绪,顺着对方的情绪走,知道大家心里不踏实,办事流程有时比较复杂。再用"引领"的方法,给前来办事的人,每人一张纸,让他们按纸上的流程办理业务,如果哪个环节有问题,可以让他打电话咨询,电话号码就写在旁边。自从他这样做后,便民服务大厅的办事效率提高了,投诉率降低了。为什么?因为来办事的百姓心里踏实了,心不慌了,办事更容易了,当然也就不投诉了。

3. 倾听

交流沟通的关键是倾听。只有会倾听才能了解信息,明白需求。共情的关键也在倾听。作为基层工作者,不仅要真的听懂对方在说什么,还要让对方觉得你听明白了。倾听不仅仅是"听",还要用尽全力地去"听"。

如上级领导来布置工作,你拿着笔记本记下领导安排的事情。你的这个动作能够传达给领导你很重视这项工作,很尊重领导,给领导一种可以放心的感觉。最关键的是记下工作内容令你在执行时不容易漏掉关键信息,在回看时可以做到听之有物,做事落到实处。群众来反馈问题、沟通工作,你也一边记一边点头,相信来访的群众也会心里很踏实,觉得你重视村里的百姓事务,当事人也会觉得受到了尊重。

亲和力是可以后天培养的,只要你遵循合理的方法,有一颗爱人、助人、积极的心,就能培养出适合自己的亲和力,并能够营造积极关系。

4. 亲和力习惯养成

(1) 挖掘自己的优点,通过自我欣赏找到自信

如果你没有自信,感觉自己优势乏善可陈,那么,你可能比较难以让别人喜欢,或者亲近你。因此,建立自信是打造亲和力的第一步。

任何人都是有优点的,正所谓"车夫的脚、律师的嘴",从自己的优点入手不断激励自己,从而获得高效的动力,让自己变成一个真正自信的人。

（2）保持你的自然、真实，切忌"装"

有些缺点很明显的人，大家也很愿意跟他交朋友，而那种一本正经的人我们有时候却往往敬而远之。不知是谁说的：远离没有泪水的智者，远离没有笑声的哲学家，远离不能在小孩面前弯腰的伟人。这句话真是看穿人性，才会说得如此透彻。尤其是作为基层管理者的村干部，在现实的工作和生活中，更要真实和自然，哪怕自然表露一些无伤大雅的小毛病，也不要刻意去伪装自己，因为人人都讨厌虚伪的人。

（3）做一个充满阳光的人

人生不如意事十之八九，行走于人间，我们会遭遇太多的困难与挫折，如果我们心向阳光，做一个亲和力超强的人，就会成为正能量的发光者，这样，人人都愿意亲近你。阳光型的人，他脸上所呈现的往往是微笑与善意，这就会让对方感觉到被尊重和亲近。阳光开朗的人无论在工作方面还是生活方面都会让人感觉到舒服。

（4）表示出你对别人的兴趣与好奇

在工作和生活中，我们要用充满好奇的关切询问对方，作为打开与别人真诚交流的开场白。我们提出的问题要迎合对方想说的话，而不是问强人所难的问题。另外，用心倾听也是表现我们兴趣和好奇的最好方式。只有如此，我们才能让对方感觉到我们对他的尊重与重视，从而让他真正喜欢你，真心想与你结交。

（5）让别人看到你与他们是同类人

所谓物以类聚，人以群分。我们往往喜欢跟与自己相似的人相处和交往。因此，在交往中，我们可以寻求一些共同的兴趣爱好和背景，分享一些经历和信仰，在这个过程中，我们就能找到他人和我们的相似之处，快速建立我们与对方的良好关系。

以上方法都可以灵活运用，合理配合，不管在哪个场景下，不管面对领导还是面对群众，我们只要掌握共情，就能看到对方的需求，把自己想传递的信息，按照对方喜欢的方式传递给他。

应用练习

提高共情能力练习

1. 增加生活阅历，丰富生活经验
2. 保持开放的心态，运用弹性的思维
3. 完善自己的人格
4. 提高文学素养，加强语言训练

（1）表达对方情感的了解

"你现在的感触是……"

"你感觉……"

"你感到……"

"你觉得……"

(2) 表达对对方目的的了解

"你想说的是……"

"你现在最期望的是……"

"你的意思是……"

"你想表达的是……"

(3) 表达对对方情感与目的的尊重

"我了解你的感受，我知道这对你很重要。"

"我能了解这种心境，我知道这种事处理起来很难。"

"我虽然不能感同身受，如果换作是我的话，也是很难的。"

(4) 以详细的行为表达对对方的关怀

"我为你做些什么吗？"

"你看我能为你做些什么？"

"你看我能帮到你什么吗？"

(5) 表达不同观点的办法

"你的话有道理，可是，我还有一点不同意见……"

"你的观点挺新颖，可是，我有一点不同看法……"

"我理解你说的意思，可是，我觉得……这样会不会更好？"

知识延伸

亲和力测试

请仔细阅读如下测试题目，选择一个你认为最好的选项，由此可以判断你的基本亲和力。

1. 如果你将留下一幅永恒的自画像垂挂在人像艺术画廊中供人欣赏，你希望这幅画用什么材质来处理？

A. 油彩　　　　B. 炭笔素描　　　　C. 水彩　　　　D. 粉彩

评测结果：

选择 A 的人：喜欢参加豪华宴会，天性散发着无穷的魅力，又善于表达自己的特色，轻易就能吸引众人瞩目。在公众场合中得心应手，能够穿梭在人群中，让每个人对你留下深刻的印象，是一个社交高手。

选择 B 的人：希望以本我的真实面目出现，对言辞或外表不会多加修饰，待人诚恳，经常以一身轻装出现，树立了独特的个人风格。不过，别人对你的评价两极分化，不是极度欣赏你的性格，就是觉得你处处碍眼。

选择 C 的人：善于举办个人宴会，把好友邀请到家中，享受温馨的感觉。你能让大家有宾至如归的感觉，和你在一起不受拘束。你是能掌握气氛的人，你也能够帮助大家解决各种问题，协助他们扩展生活和事业上的关系。

选择 D 的人：在团体中不会特别突出，虽然不是主角，大家也不会忘记你的存在，每次都会记得找你。你不会标新立异，故意引起注意。你是很好的听众，很自然地对朋友付出关心，让他们觉得很温暖。你带来的是一种稳定的和谐的气氛，和你在一起总是可以解除郁闷。

自我评价：

2. 请仔细阅读下列各题，选择"是"或"否"，由此可以判断你的基本亲和力。

测试题：

①你是不是十分高兴地不顾自己去帮助别人？（　　）
②你要做的事情能不能每次真正做到？（　　）
③你能不能吹牛？（　　）
④你是不是从来不讥讽别人？（　　）
⑤你通常不会把知道而不该说出的事告诉别人？（　　）
⑥你是否禁止自己去监督别人？（　　）
⑦你是否觉得自己不如多数的朋友？（　　）
⑧别人令你不满意时，你能不能不斥责别人？（　　）
⑨你能否避免在人家背后嘲笑他？（　　）
⑩你是否能制止自己支配他人的欲望？（　　）

测评标准：每题答"是"得 3 分，答"否"得 0 分。

测评结果：分数越高，你的亲和力就越强；分数越低，你的亲和力就越弱。

自我评价：

项目三　通过有效沟通建立积极关系

沟通是管理的浓缩。

——山姆·沃尔顿

学习目标

1. 了解沟通力；
2. 熟悉沟通力建立积极关系的方法和技巧；
3. 掌握提升聆听、表达等沟通能力的应用。

案例导入

某村在推广高标准农田项目的过程中，发生了一起因争取项目资源引发的冲突事件，负责该项目的村干部小陈通过沟通成功地解决了这起冲突。

该村在经济发展过程中非常重视产业发展，申请通过了高标准农田智能机井项目在本村落地实施。这本是一件有利于群众的好事，却因争夺农田智能机井的落地灌溉权，村里符合安装条件的两个地方的多户人家产生了争执，造成了多人斗殴事件。负责该项目落地的小陈，第一时间赶到了现场。到达现场后，小陈并没有急于确定支持哪一方，而是耐心地倾听双方的诉求，并根据镇政府、村委的相关规定，进行了一一对应的针对性的反馈。在沟通过程中，小陈非常了解双方的情况，除了明确地阐述村里的相关政策规定，还与双方都唠起了家常。该村大部分人都姓陈，或多或少有些亲戚关系，小陈的沟通瞬间缓和了气氛，并搭建起了双方可以商讨沟通的桥梁。最后，经过沟通，在不违背村委相关规定的前提下，小陈说服了按规定更适宜安装智能机井的一方，多出一块费用，接出相应长度的出水管给予对方农田灌溉的便利。

结果双方达成一致，也对开始给彼此造成的影响进行了道歉。这本来是给群众争取农田灌溉使用权的好事，却因资源覆盖不平衡而引起了冲突，最终小陈通过合理的有效的沟通，成功地在不违背镇、村委和项目规定的前提下较好地处理了一桩冲突事件。这起事件的处理充分地展现了基层村干部在日常工作中灵活高效的沟通技能。

一、沟通的含义

村干部在基层工作中会面对与大量不同的人员沟通的情景，相信大家都深有体会，一个笑脸、一声问候或是一个不屑的眼神、一句冷淡的话语，所带来的沟通效果是大相径庭的。

人与人之间的沟通，是一方有效地表达自己的信息之后，另一方对这份信息做出回应。"沟"者渠也，"通"者连也，"沟通"本身的意思是借助某种渠道使双方能够通连。通俗地说，沟通就是挖沟使两水相通，我们要有挖的勇气和通的决心。有效的双向沟通是指我有效地表达我的信息后，对方的回应是我所期望的。也许对方不一定会接受和同意我的意见，但是对方愿意进一步了解我的意思，或者提出他自己的意见与我讨论，这些都是良好的回应，基于此，我们就有可能达到更好的沟通效果。

二、沟通的前提条件

（一）有效地表达自己的信息

案例导入中的小陈，在充分倾听了双方的阐述后，通过双方能接受的方式，以项目负责人的身份直接明确地讲解了镇政府及村委的相关政策规定，详细介绍了项目负责方的信息，并给予了合适的改进方案。这就是非常有效地表达自己信息的一种方式。

不同的方式传递不同的信息，亲切微笑意味着喜欢、接受，吵架则表达了对某些事情或言行不满意，不理睬则是用沉默表达"我不愿意与你沟通"的信息。所以，基层村干部在面对要解决的具体事务时，要采取合理的表达方式，达到有效表达信息的效果。

（二）建立和谐的气氛

和谐的气氛会使双方感到安全，是良好的双向沟通的前提。和谐气氛需要营造，像案例导入中的小陈，就是通过与各方唠家常，来维系双方感情，缓和了激烈的情绪碰撞，营造了一种相对和谐的气氛。气氛和谐了，事情就好沟通了。朋友间的谈笑，村干部对百姓的关怀，商务伙伴洽谈的轻松，都是有效沟通的良好氛围。即便开始双方处在不太协调的关系里，我们也可以努力找到令双方都感到平静愉快的时刻，营造一个舒适、和谐的气氛，这时的交流，才更有建设性。

（三）给别人一些空间

我们在沟通过程中如果一味地阐述自己的观点而不顾及对方的感受和观点，不给对方空间，就会造成沟通不畅甚至是严重的冲突。就像案例导入中的双方，各执一词，将一次可以通过其他方式解决的事情上升到了激烈的冲突层面。所以，沟通要在合理的范围内并给予别人一些空间。

（四）学会倾听

案例导入中的小陈开始并没有急于表达自己的观点，而是耐心地倾听双方的诉求，这就是有效沟通的开始。先听后讲，先跟后带，这是有效沟通的前提。

沟通是一方发出信息，另一方接收信息，并且做出回应。当用非语言方式进行沟通时，倾听就需要用眼睛完成；更积极的倾听还需要用上嘴、心、整个人。有了足够的倾听，我们才能够清楚准确地了解对方的意思，从而做出精准、正确的分析与回馈。我们在倾听时不仅要听到对方的文字及意思，更重要的是倾听出对方文字背后的相关想法、价值观，这样才能更好地匹配相应的回应和处理方式。

三、培养沟通力的方法和技巧

（一）基层工作中是什么决定了沟通的效果

如本项目的案例导入，开始冲突的双方都认为自己说得没错，一方认为这是规定，机井设备本就应放在我的地盘上，另一方则认为同样邻近的场地，设备也可以投放在我的地盘上。大多数沟通不成功的人，都会像这个案例的当事人一样，强调自己说得对，但是对方听不进去。沟通了而没有达到效果，那彼此阐述的语言就没有了意义。就像一名医生说的："这次手术很成功，但是病人死了。"从道理上讲这句话可能没有问题，但是对解决事情没有任何效果。病人家属会认为医生简直难以理喻。对方听不听得进你说的话，只要留神一下对方的反应就能知晓，当对方的反应不是你所期望的，你便需要检讨和改变自己的沟通方式了。

（二）建立有效沟通的八点启示

村干部在日常工作中要按照如下几个方面的启示进行沟通。

第一，在工作中能达到有效沟通效果的前提条件是先有和谐的气氛。例如案例导入中的小陈在与各方沟通时均找到了感情契合点，并营造了良好和谐的气氛，他才有了后面阐述表达观点的机会，达到双方能够接受的结果。

第二，村干部在工作中面对各种各样的人，不同的人有不同的生活环境、个性特点与理解能力，沟通时，村干部不能用一样的方式与他们打交道。面对不同的人、不同的事，村干部所采取的沟通方式也不能一成不变。

第三，沟通是使事情协调相通，而不是用相关的制度或规定来控制和改变别人，所以作为基层工作者，要在沟通中给别人一些空间。

第四，沟通的目的在于解决问题，能够使处在矛盾中的双方达成共识，所以在和同事、合作对象、村民等沟通时，管理者自己说得对不对没有多大意义，说得有效果、打动对方才是最重要的。

第五，在沟通中，不同的人接收的信息会不一样，每个人都会接收自己想了解、愿意了解和接受的信息，所以对方是否已经有效地明白了你的想法，只有对方才清楚。作为沟通者，不要假设，如果你不是很肯定对方已经明白你的想法，那就再与对方洽谈。

第六，如果一件事情由别人转达，有可能失真。所以，在基层工作时，我们可以直接跟当事人谈的事情不要经由别人转达。坦诚、主动地沟通，关心他人，什么事情都可以直接谈。

第七，在沟通中各方的共同信念和共同价值越多，沟通就会越有效果。

第八，在涉及村里老百姓的利益问题时，每个人都会有自己的想法，所以，我们在沟通中要了解得全面，才能做出更公正的判断。

在此再强调一下，如果我们已经用过的方法在实际沟通中没有发挥作用，那我们就需要寻找新的解决办法，凡事必有至少三个解决办法，我们总可以找到更有效的。

应用练习

AB 沟通互动练习

一、聆听能力训练

找一个合适的地方，与一位你的朋友或同事，一起进行这个练习。让对方随意阐述自己想说的话，说完一句，你要完整地重复对方所说的话，然后再根据对方说的话给予相应的回应。如果复述有错误，要求对方及时提醒你，然后让他再说一遍，直到你复述的内容没有错误，再继续训练下一句。

二、复述及感性回应

在接下来的一周内，抽出 3 天时间，在日常工作的沟通中刻意地练习这个"复述及感性回应"练习。

当对方说完一句话后，你复述对方的话，重复对方刚说过的话里的重要文字，加上开场白的字，例如：

"你是说……"

"你刚才说……"

"我是否听得清楚，你说的是……"

这个复述练习，可以使对方觉得你在乎他说的话，使对方觉得你很想准确地明白他的意思。

在复述完对方刚说过的重要文字后，将对方的话加上自己的感受再说出来。例如，对方说"吃早餐对身体很重要"，你可以回应："我要吃饱了肚子才开始一天的工作，身体有活力，做事才有劲头儿！"

如此，把自己的感受提出来并与对方分享，他也会与你分享他的感受。感受分享是一个人接受另一个人的表示。

三、先跟后带练习

在基层事务工作中，难免会发生各种各样的误会和冲突，所以，我们要学会沟通的核心。先要做到"三不"原则，就是与对方沟通时做到不否定、不批评、不对抗。

这样才能保持与对方有良好的基本的和谐气氛，然后在沟通中找到对方的想法和价值观。最后，结合对方的价值观去回应，包括刚才提到的复述和感性回应，用对方在乎的价值去带领对方，向着对事情有效的方向去发展。

知识延伸

基层工作中人际关系沟通需要注意的问题

面对沟通中的人和事物

在工作中会发生很多事情，难免会出现不理想的沟通效果。对此，有的村干部就会产生情绪，停止继续尝试，无能为力地叹息说"没有办法"。这个念头是使自己止步不前的根源。上面我们提到处理事情一定要有多个解决办法，面对人和事物要做到灵活处理，所以"达到良好的沟通效果"的目标与"没有办法"是对立的。如果你坚持要达到良好的沟通效果，你就要坚持找出一个新的办法去尝试，如果无效，就再去找另一个新的办法。这样做下去，你才会克服一个又一个困难，最终获得成功。

我们很多干部总希望事情会改变、村民会改变、环境会改变，这都是不切实际的。最基本的方法是你需要自己先做出一些改变。某些你所发生的改变会触动对方的内心，而引起对方想改变的念头。所以，这就是你要做的，你必须持续尝试找出改变另一个人的关键。

沟通中不能强人所难

有的村干部工作非常积极，也有强烈的做事创业的热情。他非常了解相关的制度或项目情况，也迫切地想让客户或百姓了解，所以在沟通中难免就会有"强人所难"的表现。凭着一些正面动机，有些人就会以为可以代替别人决定什么是对他最好的，不仅为对方安排了任务，还强迫对方接受。当对方不接受时，发起人就会埋怨他辜负了自己的一番好意。其实每个人都有自己的价值观和处事方式，站在对方的角度看待事情，为他人设身处地地考虑才能有效地解决问题。在沟通中，村干部要容许对方有自己的思想存在，给予对方空间；给予对方空间就是给予自己空间，为双方达成良好的沟通效果创造条件。

在沟通中，我们要抱有诚意，时时觉察，掌握合适的沟通技巧，保持宽容、平和的心态，这样我们才能有效地、智慧地沟通。

模块五　积极投入

心流是一种完全投入到某个活动中的状态，它是人类最高级别的体验之一。

——米哈里·契克森米哈赖

项目一　心存美好与希望

无论这个世界对你怎样，都请你一如既往地努力、勇敢、充满希望。

——毕淑敏

学习目标

1. 怎样才是心存美好与希望；
2. 心存美好与希望的典型心态；
3. 掌握心存美好与希望的方法技巧和应用。

案例导入

2020年底，中国实现了9899万农村贫困人口全部脱贫，832个贫困县全部摘帽，12.8万个贫困村全部出列。中国共产党带领全国各族人民实现脱贫攻坚这个伟大的目标，是因为有许许多多个内心充满希望的优秀的村干部在基层做着深入的扎扎实实的脱贫工作。

任书记就是这样一位内心充满希望的优秀村干部，在他任职前，这个村整体比较贫困，产业规划不清晰，农产品销不出去，村里的光棍比较多。任书记就职后，决心要改变村里贫穷的现状。他对村民说："我们要看到希望，活出劲头。"起初，很多村民不相信任书记，觉得改变现状太难了，甚至有人觉得根本就没有希望。但任书记说："我们要相信国家，相信党，只要我们心怀希望，就有可能改变，实现脱贫致富。"

他的"看到希望，活出劲头"不仅仅是挂在口头上，而是扎扎实实地落到行动和工作中，任书记上任后带动村里的百姓进行三步走。

第一，看到村里的苹果树比较多，任书记就先从苹果树产业入手。之前，因为当地苹果树的品种不好，苹果味道酸涩，产量也不高，村民对此很失望。可是任书记对村民说："我有信心找到解决办法，大家相信我，我们要看到希望。"后来，任书记找到县林业局的技术人员通过嫁接优良品种解决了这个问题。由于品种好了，产出的苹果又脆又甜，这种苹果的市场需求量比较大，村民们基本上能卖出好价钱。村民们手头有余钱了，脸上有了笑容，也看到了希望。

第二，为了让村民过上更加富足的生活，任书记还为村民引进了种植中药材的技术。随着苹果树的改良，中药材种植的引进，村民们通过销售苹果和中药材过上了比较富裕的生活，也开始有姑娘愿意嫁到村里了。村民们看到了希望，过得也就有劲头了。任书记说："会有越来越多的姑娘愿意嫁到我们村的，我们村的小伙有希望了。"

第三，任书记经常在村委会、百姓活动、村里的大小节日中，给大家讲话。他还经常深入百姓家谈心，用自己的行动点燃百姓的希望，带动百姓的干劲。

任书记经常挂在嘴边的话是"人要活在希望中，活出劲头"。村民无论遇到怎样的问题和困难，任书记总是积极乐观地帮大家解决，而且言语行为间总会给人以希望。慢慢地，村民觉得任书记就是他们的靠山和希望。

"活出劲头"，其实就是一个人看到希望、活在希望中的一种表现。而希望就是一个人活下去以及做事情的动力与源泉。中国经济学家张五常教授曾说过，中国经济的发展是2800多个县的县长用肩膀扛起来的，县域经济是中国发展的根本。我国12.8万个贫困村全部出列脱贫，就是因为有任书记这样内心充满希望之火的基层干部，他们用实际行动带领村民走出贫困，让老百姓看到了希望。

一、心怀希望的内涵

我们经常看到一些患了绝症的人，战胜了病魔，延长了生命。很多人说，这是因为患者有乐观的心态，其实，真正起作用的不仅仅是乐观的心态。单纯的乐观心态，在短期而言可以快速改善情绪，但长期而言，并不能真正地解决问题。真正起作用的，其实是这个人"心怀希望"。

（一）什么是希望

在电影《肖申克的救赎》中有这样一句话：希望，是这个世界上，最美好的东西。希望是指美好的愿望或理想，是我们的心之所向，是我们积极投入工作、努力生活的动力。

希望可以很抽象也可以很具体。希望是革命战争时期，无数仁人志士投身革命，奋不顾身的理由；希望是寒冷冬夜里窗外的一片翠绿的叶子；希望是农民播种下的一粒粒种子；希望是在沙漠中行走剩下的半瓶水……

人没有希望就活不下去。无论如何，人活着一定要有希望，希望在任何时候都是一种支撑生命的安全力量。

（二）什么是"心怀希望"

"心怀希望"就是让内心充满希望感，是让人生美好的一种心理能力，是一种动态的认知动机系统，是一套系统的科学方法和解决问题的路径。它不是心灵鸡汤，不是一种简单的情绪和态度，不是简单的一种愉快感觉。

（三）"心怀希望"的典型心态

1. 积极探索的心态

积极探索的心态就是相信自己能够找到更多路径来达成目标，有一种"我会找到方法来完成它"的信念。比如头脑灵活的人，往往比固执的人更能有效解决问题。这是因为他们在一条路上走不通的时候，总能发现另一条新的路，始终能保持积极探索的状态。所以，心怀希望的人拥有积极的目标，认为自己能够找到达成目标的路径，并拥有强烈的动机，通过这些路径来达成目标。

2. 自我掌控的心态

自我掌控的心态就是相信自己，意识到自己能够有效地掌控自己的行为。我们常常发现，很多成功人士都兴趣广泛、多才多艺。比如很多领导干部擅长画画，或者户外健身，或者精于书法、音乐。他们在这些业余爱好上所取得的进步，能够帮助他们增强自我的掌控感。比如健身的时候，他们能感觉到自己对身体的掌控感，甚至是感受到肌肉在跳动。再比如，一些领导干部在面对困难的时候，往往能够通过写书法或者健身，找回自我控制的感觉，帮助自己看到希望和走出困境。

二、"心怀希望"的意义

一个心怀希望的人，相信未来会比现在更好，同时相信自己有一定的力量去实现目标。他们能够意识到是自己创造、处理、控制着自己的意志行为，相信自己能够找到多种方法来达成目标。

（一）实现人生梦想

心怀希望的人会不断向前探索，帮助自己实现人生的梦想。

公元前334年，马其顿国王亚历山大在出发远征波斯之前，把自己所有的钱财都给了部下。一个侍卫很惊讶地问道："陛下，这样一来您怎么踏上征途呢？"亚历山大很自信地说："我只需要一种无价的财富，这就是希望！"亚历山大有一次送礼物，他给了甲一大笔钱，给了乙一个省份，给了丙一个高官，他的朋友听到这件事后，对他说："你要是一直这样做下去，你自己会一贫如洗。"亚历山大回答说："我哪会一贫如洗，我为我自己留下的是一份最伟大的礼物。我所留下的是我的希望。"亚历山大相信自己，始终心怀希望，最终实现了他的人生梦想。

（二）可以创造奇迹

心怀希望的人相信事情总会有解决的方法，所以往往会创造出奇迹。

法国作家凡尔纳曾经写过一部著作，就是科幻小说《气球上的五星期》。当他满怀欣喜地将自己的作品交给一家出版社时，总编简单地翻了书稿之后，觉得书中全是一些不存在的幻想，而且写作手法也很奇怪，婉言拒绝了他的出版要求。在遭到15家出版社拒绝之后，凡尔纳觉得很受挫，准备将自己的手稿扔到火炉里烧掉。他的妻子说："再试试，说不定还有希望呢。"妻子的话让他满怀希望地将书稿整理好之后送到了第16家出版社。让人意外的是，这家出版社的总编眼光独到，不但决定立即出版这本书，还和他签订了长达20年的合同，请他将自己所有的科幻小说交给他们出版社出版。《气球上的五星期》出版之后，轰动了整个文学界，凡尔纳也名声大振。有时，奇迹的创造者也许只是我们心中的一个小小的希望。

（三）可以让生活变得美好

很多时候，我们所经历的事情，我们所处的环境，可能会让我们变得消极，变得失落，但不管身处什么样的环境，我们都不应该绝望，而应该对自己的生活怀有希望。因为不管怎么样，只要还活着，我们就绝不是一无所有。

张主任是一个只有150户人家的贫困小山村的妇代会主任。过去，这个村没有工副业项目，地里的庄稼也因缺少资金和技术收成不多，很多男性村民都出去打工了，留下来的大部分是老人、妇女和儿童。

张主任希望能改变现状，让大家过上好日子。说干就干，于是她外出考察，带回了养蚕的技术，带领妇女们发展了50多亩桑园。绿油油的桑，胖乎乎的蚕，给妇女们带来了沉甸甸的收获，也给妇女们带来了美好的生活。

张主任深知种桑养蚕只是摆脱贫困的第一步，如果要过上更加美好的生活，就需要对产品进行深加工或探寻更多的致富路。绿油油的桑叶给了她一个启发，对，就在"绿"上下功夫。后来，她又动员全村妇女发展庭院经济，栽植葡萄，还建了冬暖式蔬菜大棚。寒冬腊月里，大棚里那一片绿油油的景象，更坚定了她的一个信念：有绿色就有希望，这绿色的希望可以让村民过上美好的生活。

再后来，张主任带领大家栽板栗树，一排排板栗树枝繁叶茂，果实累累，构成了千亩绿色工程。而张主任心中那个绿色的希望，也逐渐变成了现实，她的村庄初步实现了生态、社会、经济三大效益齐丰收。

之后，张主任在村里成立了一个妇女文工团，节假日的时候，文工团成员就为村民演出，演出节目大部分是文工团成员自编自导自演的。在这个过程中，妇女们收获了幸福，传递了希望，对过上更加美好幸福的生活充满了信心。

三、失去希望的后果

（一）容易出现负面情绪

村民老张有3个儿子，3个儿子每天好吃懒做，游手好闲，有时候还干点偷鸡摸狗的事情。很多村民劝老张管管自己的3个儿子，可是老张说："我很想管，可是我不知道如何管，我也烦呀！看着他们好吃懒做的样子，我都感觉生活没有希望了，甚至不想活了。"当一个人看不到希望的时候，就很容易出现负面情绪，比如村民老张，他认为3个儿子发生改变的希望不大，内心就会产生烦躁、焦虑等情绪，甚至觉得活着没有意义。

（二）做事情容易敷衍了事，不愿意投入时间和精力

郑书记看到村民们赖以生存的核桃树大部分已经又老又不结核桃了，于是他引进了皮薄仁大、高产量的核桃树。不过郑书记发现，同样的核桃树，由不同的人栽种，结果就不同。比如小廖和小乔两家栽的核桃树，小廖家的成活率就比小乔家的成活率高，郑书记决定去这两家了解一下情况。当他跟小廖沟通的时候，小廖说："以前的核桃树老了，我们没有办法改变。如今我们引进了新的品种，我看到了希望，于是我认真请教过林业局的技术人员，在挖坑、培土、浇水等环节都做得很扎实，所以成活率相对来说比较高。"郑书记又走访了小乔家，小乔说："以前的核桃树是我们这里土生土长的，连土生土长的核桃树都不能长出优良的品种来，新引进的又怎么能产出质量好的核桃呢？我是不抱希望的。"

当一个人对一件事抱有希望的时候，做事情就动力十足，也能将事情做好。当一个人对一件事不抱有希望的时候，做事情就容易敷衍了事，不愿意投入时间和精力。

（三）不自觉地逃避与退缩，甚至从此一蹶不振

45岁的陈某是某村村民，他承包了村里的砖窑，经营得风生水起，大大带动了当地的经济发展，解决了村民在农耕淡季没有事情做的问题。不过他平常不苟言笑，一直是一个人生活，既没有跟父母住在一起，也没有娶妻生子。其实有很多人给陈某介绍过对象，但陈某一个都没有相中。村民们觉得陈某是清高，慢慢地也就不再给他介绍对象了。

这件事情被本村张书记看在眼里，急在心里。在一次会议之后，他留下了陈某跟他单独谈心。在谈话中，张书记了解到，陈某在20多岁的时候，爱上了邻村的一个姑娘，由于姑娘的父母不同意，阻止他们继续交往，他们分手了，后来，那位姑娘结婚生子了。从此，陈某就对婚姻失去了希望，每当大家给他介绍对象的时候，他就会本能地逃避，因为他害怕再次被拒绝。其实，这就不难理解陈某为什么不苟言笑，为什么没有娶妻生子，是因为他对婚姻失去了希望，继而转为了失望。不过，在张书记的多次开导下，陈某慢慢开朗起来，也开始对婚姻充满希望了，在47岁的时候他组建了

一个幸福的家庭。

（四）影响身心健康

希望对一个人身心健康的影响是非常大的。张医生有一位患者得的是肠癌，去过很多家医院，医生都说比较严重，治疗后的效果不会太明显。张医生给他检查之后，发现的确比较严重，不过他跟这位患者说："严重是比较严重，不过只要你配合我，还是有希望的。"后来，这位患者非常配合张医生的治疗方案，他的病情逐渐减轻。为什么病情会减轻呢？药物是一部分原因，更重要的是这位患者看到了希望，他积极勇敢地面对病情，产生了一个较好的结果。与之相反，另一位患者知道自己病情比较严重后，觉得没有希望了，每天紧张焦虑，其结果是病情一天天恶化。为什么呢？其实，很大一部分原因是他自己觉得没有希望了。

三、培养希望的方法和技巧

（一）希望效应

一个人只要对自己抱有信心，就能保持精神和机体的健康。所以，只要我们对生活不失望，对自己充满希望，精神就会振奋，做事情就会积极投入，也容易获得成功，并感受到生活的幸福。"希望效应的实验"证实了这一点。

1900年7月，德国精神病学专家林德曼，独自一人驾着一叶小舟驶进了波涛汹涌的大西洋，他在进行一项历史上从未有过的心理学试验，预备付出的代价是自己的生命。

当时，德国举国上下都在注视着这场驾舟横渡大西洋的悲壮冒险。因为已经有100多位勇士相继驾舟横渡大西洋，结果他们均遭失败，无人生还。林德曼博士认为，这些死难者不是从肉体上败下阵来的，而是死于精神上的崩溃，死于恐怖和绝望。为了验证自己的观点，他不顾亲友们的反对，决定亲自进行试验。

在航行中，林德曼博士遇到了难以想象的困难，多次濒临死亡，他的眼前甚至出现了幻觉，运动感也处于麻木状态，有时真有绝望之感。但只要这个念头一升起，他马上就大声自责道："懦夫！你想重蹈覆辙，葬身此地吗？不！我一定能够成功！"就这样，生的希望支持着林德曼，最后他成功了。

他在回顾成功的体会时说："我从内心深处相信一定会成功，这个信念在艰难中与我自身融为一体，它充满了周身的每一个细胞。"林德曼博士的试验表明，一个人只要对自己抱有信心，就能保持精神和机体的健康。人只要对自己不失望，充满信心，精神就不会崩溃，就可能战胜困难而存活下来，并最终获得成功。

希望就是力量。在很多情形下，希望的力量比知识的力量更强大，因为只有在有希望的背景下，知识才能被更好地利用。一个人，即使他一无所有，只要他有希望，他就可能拥有一切。而一个人即使拥有一切，却不拥有希望，那很可能丧失他已经拥有的一切，甚至是生命。这就是林德曼用生命的代价告诉我们的"希望效应"。

应用练习

希望培养练习

第一，心存美好。

一个人心中有美好，才能看到美好，才能感受到希望，从而积极投入，脚踏实地做好当下。

练习：

问自己，我是一个善于发现美好的人吗？

如果是，请将右手放在胸口对自己说："太棒了，我是一个能够发现美的人。"同时要至少说出5个美。如：我儿子是一个智慧的人；今天的天气很晴朗；我的衣服真得体；用这支笔写字真流畅；小李的汇报写得很详细……

如果不是，请将右手放在胸口对自己说："太棒了，我有成长的机会了，我能发现美好。"同时尝试着说出5个美。

请你每天抽5分钟时间，至少发现10个身边美好的人或事物，并记录下来。

每天抽2分钟时间，将发现的美好与他人分享。分享时说出这些人或事物为什么是美好的。

第二，挖掘幸福。

大家都知道大事件的幸福，比如买房、买车、结婚、生子、升职等，是能深刻感受到的。而小事件，即每天每时发生的事情，往往容易被我们忽略。可是人生有多少大事件呢？更多的是由小事件组成的。所以，我们要挖掘小事件的幸福。大事件的幸福，也许就是那一刻。而小事件不同，如果你能够关心每个小事件带给你的幸福，小事件的幸福就能汇聚成幸福的河流，你就能从幸福的河流中感受到希望，而你如果能感受到希望，就会不断创造幸福。如此反复，不断循环。幸福—希望—幸福—希望……

练习：

每天抽时间积累自己的一些小事件幸福指数。比如别人给我一颗糖、别人帮我拿行李、别人和我一同吃饭……在这些小事件中挖掘和经营自己的心理感受，充分享受这些小事件带给自己的愉悦感。长此以往，人的幸福感会增强。

第三，鼓励自己。

一个懂得鼓励自己的人，往往也是心中充满希望的人。养成一种积极乐观的心态，无论遇到什么事都要学会从好的方面去安慰和鼓励自己。很多感觉没有希望的人，往往是对自己失望和不满意。比如没有双腿的人,永远不敢有环游世界的愿望;没有经验的村干部,不敢有带领老百姓走向富裕之路的希望。

练习:

经常对自己说:"加油,不要害怕,一步步去解决,就行了,办法总比困难多。"

补充"但是"。例如:我虽然没有双腿,但是我有双手,还有双眼。

虽然我现在经验不足,但是我善于思考,善于实践,相信在不久的将来,我可以找到适合乡亲们发展经济的道路。

第四,交对朋友。

生活中尽量多地和性格开朗、对生活充满希望的人交朋友。对生活充满希望的人,气场强大。接触多了,你就能感应到对方的强大气场,自己身上也就会慢慢充满力量,并且相信自己会有一个很好的未来,也就对生活充满了希望。

练习:选择朋友

请选择一个舒适的坐姿,闭上眼睛,全身放松。问自己:我喜欢交往的人是谁呢?可能你的脑海中出现了很多人的面孔,请你选择你喜欢交往的朋友,选好之后睁开眼睛。

请在纸上写下你选好的朋友的名字,并说说他们身上有哪些优秀的值得交往的品质。以及在你心中,这些朋友是怎样的排序?最重要的是谁?很重要的是谁?比较重要的是谁?可以并列。

请再取一张纸,在纸上画 4 个同心圆,在最中间的圆内写自己的名字,在外面的圆内依次写最重要的,很重要的,比较重要的朋友的名字。

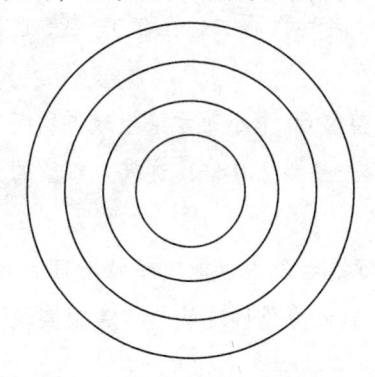

写好之后,再次看着这张图,这张图内的朋友就是你要交往的人,开始行动吧!

作为一名村干部,不仅需要自己成为一名内心充满希望的人,同时也要做希望的领路人,让更多的人拥有希望,活出生命的精彩。

知识延伸

希望实验

哈佛大学在20世纪50年代做了一个关于"希望"的实验！卡特·理查德博士把一只老鼠扔进了装满大半杯水的杯子里，想看看老鼠能坚持多久不被淹死。老鼠沉入水中，惊魂之下马上又挣扎着浮到水面。它想爬出来，然而杯壁太光滑，无法抓附，怎么也爬不出来。时间一点一滴过去，老鼠已经筋疲力尽，爪子也已经无力划水。博士就坐在旁边看着，丝毫没有把它捞起来的意思。老鼠越划越慢、越划越慢，脑袋不时沉入水中，然后赶紧用力地冒出头到水面呼吸两口。

15分钟左右，终于，它决定放弃了，任由自己的身体沉入了水底，放弃了挣扎。就在此时，卡特·查理德博士把它捞了出来，将它吹干，再让它休息3分钟。老鼠拼命地呼吸着、贪婪地吮吸着每一口空气。它慢慢地恢复了元气！就在老鼠得意时，博士再一次把它扔到了水里，它用力地扑腾着，渴望的双眼盯着博士，希望博士再次把它捞起来。

15分钟后，它仍在奋力地游着。20分钟、30分钟、40分钟……这一次，它没有放弃。博士很惊讶！于是他又找来多组水杯，分别扔下了一只老鼠。其他老鼠和第一只一样，坚持了15分钟就放弃，沉入了水底。博士同样在它们快淹死的时候，把它们捞出来，吹干，再休息几分钟，又把它们扔进了水里。结局出乎所有人的意料！这些老鼠在水中努力地游着，不让自己沉下去，坚信有人会把它们捞起来，一直到黑夜降临，太阳升起，黑夜再降临……

60个小时，它们坚持了整整60个小时才绝望地再次沉入了水底。

15分钟和60个小时，相差整整240倍！这就是希望的力量！是那只手激发出来的对生的渴望！

这种希望与渴望，可以超越生命的本能、超越时间、超越生死，突破所有的"绝无可能"，让生命主体坚韧，充满力量！这就是"希望实验"的意义！要想使一个人发展好，就应该给他希望。

项目二　积极专注的力量

把专注力集中在你要达成的目标上，而非你所恐惧的事情上。

——安东尼·罗宾

学习目标

1. 了解什么是专注；
2. 了解专注的价值；
3. 掌握积极专注的方法和技巧。

案例导入

在一次乡村经济发展会议结束后，钟家村的钟书记边走边思考会议讲过的如何带领老百姓致富的问题，不料想，撞到了一个人，这个人骂骂咧咧地说："你没长眼睛啊？走路像做梦一样，昨晚你没有睡觉啊？"此时，钟书记脑满子都是带领老百姓致富的情景，根本就没有其他，只是说："是，是，是，我是在做梦，不好意思，不好意思。"钟书记回到村里就立刻行动，亲自带领老百姓实践会议传达的精神和致富的方法。3个月后，钟书记带领实践的项目得到了县级领导和技术人员的认可。

钟书记的表现其实就是两个字"专注"。他忘我投入到自己想要做的事情中，他人是无法理解的。但他的内心是快乐的，而且这种专注还让他取得了不同凡响的成就。

一、专注的内涵

专注是一种心理状态和行为特征，它涉及将个人的注意力高度集中于特定的任务或活动上，同时不受或不易受其他因素的干扰。您一定看过"动物世界"这类纪录片，片中豹子抓羚羊伺机而上的那种小心翼翼与聚精会神就是专注。所以，从字面上理解，专注就是专心注意、精神贯注、心神专一。

同时，专注不仅仅是专心注意、精神贯注、心神专一的状态，更是聚焦于"为善去恶，求是克非"的内心。如果你对所做的事情仅仅表现出专注的状态，而没有"为善去恶，求是克非"的内心，也不能称为专注。只有二者统一，才能称为"专注"。

二、专注对村干部的价值

（一）取得一定的收获与成就

如果你能够保持专注地去做一件事，那么你在这件事情上面就会取得一定的收获与成就。因为当你的内在获利时，你感受到了你的努力所带来的价值，这是一种正向的、积极的能量，这种能量就会使你收获快乐，你的情绪体验就是愉悦的。同时，这种能量也会促使你继续专注地做事情，形成一种正向循环。

同样的，当你没有办法去专注，没有办法去坚持，你肯定会中途放弃，这种放弃可能会使你产生挫败感，沮丧、焦虑、悔恨、自责也会相继而来。受负面情绪的影响，你更加没有办法专注地做事情，反而体验到一种烦躁、憋闷的情绪。这样就形成一种负向循环。导致的结果就是，你总是有很多想要做的事情，可结果什么也做不了也做不好。

（二）在最短的时间内提高工作效率

专注最能体现出的就是效率，能让你迅速进入状态，能让你在最短的时间内提高做事情的效率，而不是犹豫不决，止步不前。

作为村干部，如果心中始终装着老百姓，专注于怎样可以让老百姓过上好日子，那么，他在工作和处理事情的时候就会快速想出解决办法，提高工作效率。

（三）获得内心的宁静

当一个人专注于想要达成的目标时，他的精力是集中的，他会获得内心的宁静。他不会陷入盲目忙碌的状态，不会浪费时间和精力在其他事情上。我们要把更多的时间和精力投入到想要完成的任务上，这样才会得到更多的回报。这会增加我们内心的满足感，从而达到心理状态的宁静。如果想做的事情太多，我们就不可能专注。在多个任务中切换，会让我们焦头烂额，从而失去内心宁静的基础。

有一位年轻的村干部，在他刚刚上任的时候，经历了一段朝三暮四的日子，心神不定，很焦虑。他每天都在是选择留下来，还是回到城市里工作徘徊，这导致他成了"差不多先生"，即做很多工作的时候他不会尽心尽力，而是追求差不多就行。直到有一天，有一位妇女拿着家里的一篮子鸡蛋来感谢他，因为他曾经鼓励过这位妇女的女儿，这个女孩在他的鼓励下考上了理想的大学。这时候，他突然觉得自己的工作是有意义和价值的，在那一刻他决定要做一名优秀的村干部。自从做了这个决定之后，他专注于做好自己的工作。当他专注于自己的工作的时候，他感到无比宁静与愉悦，以前的那种焦虑和不安的感觉没有了。

三、培养专注的方法和技巧

（一）观察呼吸法

呼吸是生命中真真切切正在发生的现象。观察呼吸可以让我们回到当下，感受生命，持续地观察呼吸，心就会平静下来。

当我们的情绪激动时，呼吸是一个避风港，观察呼吸，可以让我们找到一个躲避风雨的方法。

具体做法：

观察气息吸入或者呼出时，鼻孔的感受。

观察腹部的隆起和收缩。

在吸气的时候默念"入"，在呼气的时候默念"出"。

（二）感受身体法

为了避免自己的思维天马行空，可以通过感受身体让自己专注在身体上，这种专注有利于提高自己的感受力，而这种感受力又会推动自己的思考、说话和做事。

具体做法：

想象一台扫描仪进入自己的身体，从头到脚，全身上下进行扫描，每到一处，你都会跟身体的每一部分进行对话，并感受。

（三）聆听声音法

暂时忘掉自我，将精力专注到聆听声音上，这是一种非常有效的专注方法。

具体做法：

做几个深呼吸，闭上眼睛，静静聆听身边的声音，不对声音做分析或评价，仅仅是听。在聆听的时候，你也许会听到这些声音背后的背景。如：深沉、寂静、欢喜、快乐等。不去管它，只管听就可以。

应用练习

提升"专注"——培养村干部责任意识

明确责任

一个人是否能积极投入地做一件事情与责任直接相关。

想一想：你作为一名村干部，你的责任是什么？

明确目标

当一个人有明确目标的时候，他就会为了实现这个目标而专注，就会把自己的时间和精力放在对自己真正重要的事情上，而不会让日常琐碎的事情，短期的诱惑浪费自己的时间和精力。

作为村干部，遇到琐碎的事情比较多，一篮子的东家长西家短，如果你不专注于重要的事情，就会被无休止的琐碎事拖垮。

韩家村近期打造了一个集休闲、娱乐、旅游度假、土特产品销售于一体的生态园。村书记非常重视生态园的经营,他通过各种方式对生态园进行宣传和推广,哪怕是请人喝茶,也会去生态园。

发现了没有?当一个人专注于自己的目标时,他就会找各种资源,为自己的目标服务,喝茶也变成了为生态园宣传推广的方式。

打造专注环境

手机上的微信、微博、抖音等各种App发出的信息包罗万象,有扑面而来的广告、娱乐活动、好看的电影、电视剧、综艺节目……无时无处不在分散着我们的专注力。你必须学会给生活做减法,专注时间内屏蔽这些干扰。如把手机放在工作环境之外,退出网页、App等,尽可能屏蔽无关事物对自己的干扰;使办公环境极简化,只放跟工作、学习有关的简单物品即可,营造高度专注的工作、学习氛围。

知识延伸

专注自己的心

清晨,奕尚禅师被一阵钟声惊醒。那钟声初急后缓,悠扬婉转,如山涧泉水般清脆悦耳,又如空旷山谷里的号角般高亢激昂,催人奋进。傍晚,那钟声又如拨动的琴弦先缓后急,先轻后重,好似在提醒众人休养身心,远离昏昧。每天早晨,奕尚禅师都在悠扬、激昂的钟声中起床、漫步,然后完成一天的工作,又在傍晚的钟声里净化心灵,入睡。

一日,奕尚禅师醒来时,再次被那特别的钟声震惊了,他觉得很有必要见一见这位敲钟人。于是,他招来侍者问道:"早晨司钟的人是谁?"侍者毕恭毕敬地回答:"是一个新来参学的沙弥。"奕尚禅师想,能将钟敲得如此动听的人,他一定有着不寻常的地方。侍者很快叫来了敲钟的小沙弥。小沙弥不知禅师为何单独叫自己,低着头,搓着手,显得既腼腆又局促不安。奕尚禅师微笑着问他:"你今天早晨是以什么样的心情在司钟呢?"敲钟还要什么心情?小沙弥想也没想便回答道:"没有特别的心情,只为打钟而打钟!"没问出想要的结果,奕尚禅师并不罢休,他继续问:"不见得吧?你在打钟时,心里一定在念着什么,只有心正意诚的人,才能敲得出这样美妙的钟声。"小沙弥愣住了,想了一会儿回答道:"报告禅师,其实,也没有刻意念着,只是我尚未出家参学时,家师时常告诫我,打钟的时候应该想到钟即是佛,必须虔诚,斋戒,敬钟如佛,用入定的禅心与礼拜之心来司钟。"

这位小沙弥就是我国著名禅师森田悟由。他从童年起,事事均养成专注恭谨的习惯,不仅对待司钟如此简单乏味的工作如此,对待任何事,他都一直保持着司钟的禅心，终成一代禅师。

　　当我们做一件事情的时候，不仅仅要专注，而且内心要虔诚。这样才能将事情做到最好。有的人常抱怨工作单调乏味，人生无聊透顶，就是因为他在工作和生活中缺乏专注的精神。即便他有专注精神，也没有司钟的禅心，所以导致工作和生活越来越枯燥、乏味。

项目三 进入福流状态

顷刻之间,我觉得仿佛找到了人生真实的意义,它不是金钱、权势、地位,而是一种心灵的敬畏、宁静和快乐。这样奇妙的体验,令我沉迷其中、欣喜若狂、如痴如醉、欢乐至极!很多年以后,我才知道这样奇妙的心理体验就是一种幸福的终极状态——它是一种澎湃的福流。

——彭凯平

学习目标

1. 了解什么是福流;
2. 了解福流的价值;
3. 掌握实现福流的方法技巧和应用。

案例导入

靳主任和红薯苗

"靳主任,靳主任,靳主任",小田连续叫了3声靳主任,靳主任都没有反应,小田又大叫了一声"靳主任"。只见靳主任缓缓抬起头来,眼睛还是盯着那些红薯苗,说:"你叫我呀?"小田说:"靳主任,该吃饭了。"说着将饭递到靳主任的手中。靳主任说:"我刚吃了饭,怎么又吃饭呢?"小田说:"你早晨7点吃的饭,到现在已经5个小时了。"靳主任若有所思地说:"时间过得真快!我还以为刚吃了饭呢。"只见靳主任边吃饭,边看红薯苗,边记录,小田在旁边多次提醒靳主任先吃饭,但靳主任根本就没有听到她说话,一个人看着长势旺盛的红薯苗,还开心地自言自语,不知在说些什么。靳主任为了能让试验田的这些红薯苗实验成功,并且在各个乡村推广种植,已经很多天都是这种状态了。

专注地进入福流状态,乘着福流之舟,随心自然流淌,尽情享受福流的美好。

一、什么是福流

160多年前,法国有个杰出的科学家叫安培。他研究问题时全神贯注,常常达到入迷的程度。有一天,安培在街上散步。街上的行人、车辆来来往往,很热闹。可是安培好像什么也没有看见，只顾低着头朝前走。原来，他正在思考一道数学题。

他一边心算，一边用手指在自己的衣襟上写着、画着。他多么希望能有个地方计算啊。说来也巧，街道旁正好竖着一块"黑板"，好像是特地为他准备的。太好了！安培高兴地走过去，从口袋里掏出粉笔，在"黑板"上演算起来。算着算着，这块"黑板"慢慢地动了。安培忙说："别动，别动，再等一会儿我就算好了！"可是，"黑板"还在移动，安培不知不觉地跟着"黑板"走，聚精会神地演算着。

后来，那块"黑板"越跑越快，安培累得气喘吁吁追不上了。这时，他才恍然大悟。原来，那不是一块黑板，而是一辆马车车厢的后壁。

安培进入了一种什么状态？这种状态有什么特点？你在做事情的时候有过这样的投入状态吗？请回答下列问题来测试一下你是否在工作或生活时进入了福流状态。

把注意力百分之百集中在你当前做的这件事上，聚精会神，不分心。

意识和行动融为一体，自然而然，行如流水。

内心评判声音消失，不对事物本身做评价，不在意事物本身的好坏。

时间感消失，本来已经过了好几个小时，感觉就像过了几分钟。

体会自己的感受。

我们所说的福流是指一个人最巅峰最杰出的状态，当一个在从事自己喜欢的工作时，他们全神贯注的忘我状态，时常让他们遗忘了当前时间的流逝和周遭环境的变化。在心理学中，福流状态是指一种人们在专注进行某行为时所表现出的心理状态，其实就是我们投入到工作和生活之中的最佳状态。

通常在此状态下，人们不愿被打扰，也称抗拒中断，是一种将个人精力完全投注到某种活动上的感觉。福流产生的同时会有高度的兴奋感及充实感。如：音乐家的灵感迸发，艺术家的创作激情，作家的才思泉涌，这些都是福流的表现。

在最佳福流状态下，工作毫不费力，你会感觉到：

◇一种宁静感超越了时间，几个小时一眨眼便过去了。

◇完全沉浸于并全身心投入到正在做的事情当中。

◇一种陶醉感，感觉自己超越了日常现实。

◇内心的平静。

◇对手头任务充满自信。

◇很满足，很有成就感。

二、福流的价值

（一）有效调节情绪

人们处于福流状态时，能够体验到积极情绪，如愉悦与满足，即使个体在从事难度较大的活动时也不例外。但这种积极体验主要是在之后的回顾中产生的，因为个体在投入活动时，所有的注意力都集中于当下的任务，无暇顾及其他事物。这里的其他事物既包含了刚刚提到的积极情绪，也包含了各种消极情绪。例如，当我们全身心投入到工作中时，我们所有的精力就在工作上，你不会想着跟丈夫早晨吵过架的事情，也不会因孩子的作业问题而烦心。当我们处于福流状态时，各种各样的干扰都会远离我们，各种烦恼也都与我们无关。

（二）提高做事效率

福流体验是一种在活动中精神高度集中或者全身心投入的状态。全身心地投入会动用全身的能量，屏蔽掉周围的干扰，能够提高我们的做事效率。

（三）促进自我成长

如果我们正处在福流状态下，表明我们对某项技能的实质性掌握，我们会充分发挥自己的能力，将技能水平发挥到极致。此时，我们的精神高度集中，我们也就更容易突破自我，获得新的认知与技能，更容易接受新的挑战，在挑战的过程中不断得到成长。

（四）激发创造力

福流状态下，我们的状态是主动的，思维是活跃的，精力是专注的，情绪是积极的，而这些都有助于激发创造力。很多科学家的发明创造，在实验的时候几乎都有福流状态的表现。

三、培养福流的方法和技巧

福流是一种全神贯注、完全投入和忘记时间的美好状态，是一种有价值的生命体验。就像曾国藩所说："物来顺应，未来不迎，当时不杂，既过不恋。"福流的原理就是当我们自己感知的能力水平（能力）和任务所需的能力（挑战）相匹配时，最有可能出现福流的状态，会给自己带来乐趣。最佳的情况就是我们认为自己有高水平能力并选择需要高水平能力的任务。如果自身能力超过任务所需的能力，我们就会产生无聊厌烦的情绪；如果自身能力大幅低于任务所需的能力，我们就会产生焦虑的情绪。而福流就是介于无聊和焦虑之间的平衡状态。那么，如何达到福流？下面给大家介绍几种方法。

（一）胸有全局

人生的格局在两个字"去私"，一个人不能去掉一己之私，他的格局就会囿于他自己的范围。一个人能把自己舍出去，达到无私的境界，他的格局就会走出自己的范围，他人—社会—国家就成为他的范围。

一个人在做事情的时候，如果能跟国家的需要联系起来，以"为国家谋利益"为自己之私利。跟人民的需要联系起来，以"为人民谋利益"为自己之私利。这个人在做事情的时候就能为了国家和人民孜孜不倦，也更能达到福流状态。

罗支书几乎每天都会到田间地头跟老百姓聊天谈心，一聊就是几个小时，常常是忘了吃饭，聊天的话题无非就是老百姓关心的化肥、种子、浇水、灌溉、产量等问题。在聊天的过程中，罗支书总是很兴奋，因为老百姓可以给他很多工作的灵感，而他也根据老百姓提出的问题对粮食蔬菜的整体布局不断进行完善。有些人不理解，问罗支书为什么要与老百姓聊天沟通，他说："我这样做就是为了及时了解民情，做好决策，真正服务好老百姓。在这个过程中，我的心是开放的，我是开心快乐的。"其实，这是因为罗支书心怀老百姓，胸有全局。

（二）排除干扰

研究表明，为了能更容易进入福流状态，一定要排除一切干扰。每当有干扰把你从精神聚焦中拉出来的时候，你就会离福流状态更远。只有当你的精神不被分散，持续聚焦10—15分钟以上，并且找到感觉时，才可能进入福流状态。选择一个安静的环境很重要，这会保护你不被打扰，并且进入"超聚焦点"，以便进入福流状态。研究表明：人被分散精神后，通常平均需要25分钟才能完全恢复全部精神意识回到当下。这是因为有一个叫作"注意力残留"的概念，你的注意力和精神还有一部分残留在上一件你被干扰的事情的记忆和信息上。

（三）在能力与挑战之间获得平衡

福流是一种内心的平衡，通过调试挑战的难度，可以达到这个平衡。

福流体验基本都是在挑战时产生的，比如登山，比如养鱼，正是因为有挑战，我们才需要全神贯注，完成之后我们内心充满能量，充满成就感。

所以我们在设定目标的时候，要先进行自我认知，要知道自己到了什么水平，能做成什么样，心里要有数，太简单的事，不会有福流体验；太难的，会有挫败感。

比如朋友请我给心理辅导员们讲一堂关于自我认知的课，这对我来说，就和吃饭一样简单，这样的事情，不会给我带来福流体验。做喜欢的，能做好的，有价值，有一定挑战性的事情，比较容易产生福流体验。

（四）神经元建立

福流其实是大脑的一个"副产品"。大脑的精力其实是有限的，所以大脑的主要功能其实是偷懒。其中一个偷懒的方法就是建立习惯。

建立习惯的方法就是通过不断重复，让同一组的肌肉重复运动，直到大脑建立了新的神经元连接。例如走路，我们现在不会去想先迈左脚还是右脚，又或者要跨步多远，又或者手应该怎么摆。因为我们已经非常熟悉如何走路了。当习惯形成以后，大脑才能空出精力去"在意"其他事情。这个时候才有可能出现福流。所以，福流的产生是神经元连接已经建立，也就是进行的行为已经很熟悉，闭着眼睛都能做到。

《庄子·养生主》中有一个脍炙人口的故事《庖丁解牛》。故事中有一位姓丁的厨师替梁惠王宰牛。他宰牛十分熟练,刀子在牛的骨头缝里灵活自如、游刃有余,不会碰到一点障碍,可谓连贯流畅,一气呵成,还很有节奏感。梁惠王站在一旁看呆了,一个劲儿地夸赞他的技术高超,忍不住问他是怎么做到的。丁师傅说,宰牛时间一长,对牛的结构自然也就了然于胸了,宰牛时不用眼睛观看,只用心领神会,顺着牛的身体结构用刀,牛体迎刃而解,牛肉就像一摊泥土一样从骨架上滑落到地上。丁师傅将一个血淋淋的屠宰过程演绎成了酣畅淋漓的"个人演奏会"。这幅解牛之美的画面,给人的感觉就是丁师傅在工作中很快乐、很幸福,也就是体验到了福流。

丁师傅之所以能做到酣畅淋漓,是因为丁师傅的神经元网络已经建立和连接,重复地做,不断地连,网络已经粗而壮,熟练且形成了习惯。

应用练习

一、体验福流

设计一场锄地比赛,比赛规则如下:

选择一块地,3人一组,一起从地头开始,看谁锄得快。

比赛时间为2分钟,时间一到,谁锄地的面积大,谁赢。

分享感受:

你刚刚在锄地时进入了一种什么状态?有什么样的感觉?

你喜欢这样的状态吗?你为什么喜欢它?

二、在日常生活中创造福流

我们可能无法控制生命中会发生什么,但我们可以鼓励自己积极应对将要发生的事情,主动创造福流状态。

(一)空闲时间的福流

如何利用空闲时间,是拉开人与人之间差距的关键。很多人不会利用空闲时间,不知道该做什么。人一旦太闲又没事做,就不知道注意力该放在哪里,思绪就像猴子一样到处跳跃,无法安定,就容易庸人自扰。现在很多人的做法就是刷娱乐短视频、刷剧、打游戏,时间被大量的无用信息和无价值的事情填满,自己感觉又累又充满空虚感,长期如此,造成恶性循环。

我们可以主动安排自己的空闲时间,利用业余时间发展兴趣,创造福流,如看书、提升工作技能、练乐器等,做真正能提升自己的事情,在这些事情中创造福流状态。

这是一个星期天,周书记在家休息,村民小高路过周书记家的大门口时,看到周书记坐在大门口拉二胡。只见周书记拉二胡时那专注、沉浸、陶醉的神态,全然没有发现小高的到来,直到小高不自觉地大声叫了句"拉得好",周书记才停下来。周书记在空闲时间忘我地拉二胡,其实就是主动创造了空闲时间的福流。

(二) 感官上的福流

视觉：欣赏艺术作品和观赏风景。

听觉：聆听音乐，学会某种乐器的演奏技能并尝试创作音乐。

嗅觉：在家庭或办公场所放置瓶装的鲜花，让鼻子感到清新。

味觉：品尝美食，自己做菜和学做新菜。

触觉：与心爱的人拥抱。

运动：步行、跑步、健身、登山、骑自行车、瑜伽、游泳、舞蹈、武术等。

乔书记是某村女书记，村民们都很喜欢她，她不仅带领全村人走上脱贫致富的道路，还懂得创造各种感官上的福流，在她的影响下，村民们过上了诗一般的生活。如：她在办公室里摆放着各种花卉，桌子上常常插一些从地里面采摘的野花。在工作之余，她常常下厨做美食，并将自己做的美食分享给左邻右舍。当人们问她是否觉得麻烦时，她说："做饭是一种享受，我很喜欢。"

其实，你在生活中能够创造感官上的福流状态，你就有可能将这种感觉迁移到工作中。乔书记就是这样一位既可以在生活中创造福流状态，又可以在工作中创造巅峰的人。

(三) 思维上的福流

我们不仅可以从感官体验中创造福流，也可以从思维中创造福流。

从了解周遭的事物、个人经验中发掘意义，建构价值观，从这里面找到深邃的乐趣。思维的福流活动有很多，如阅读，思考，写作，吟诗，做白日梦，有秩序地进行记忆，玩猜谜游戏，与他人专注地谈话，钻研各种感兴趣的学问，当业余历史学家，当业余科学家，钻研哲学，等等。

保持终身学习，并尝试从信息消费者变成信息生产者。

某村村会计是20世纪70年代全县打算盘的高手，他曾经在全县比赛中得过一等奖。他平常除了工作就是打算盘，而且在打算盘的时候，常常处于忘我状态。他也经常会让别人给他出题，他用算盘来计算。有时候连出题的人也会被他带入沉浸的状态而忘却了时间。其实，这位会计就是主动创造了思维上的福流。

(四) 工作上的福流

创造工作上的福流首先要将工作视为一种自我成长的挑战，对工作充满激情，相信再平凡的岗位，也可以做出不平凡的业绩。同时培养自得其乐的性格，将单调的工作变成有乐趣的活动。

有一个叫麦德林的装配线工人，他每天的工作都很简单，只要在规定的43秒内装配完一个单元就可以了。这样的操作，每个工作日需要重复600次。相信很多人日复一日地做着这种工作都会感到厌倦，但是麦德林在工厂里做了5年多同样的工作，却还是觉得很愉快。

为什么呢？因为他对待工作的态度和一名奥运选手差不多，他每天都在训练自己创造装配线上的新纪录。经过5年的努力，他仅用28秒就能装配完一个单元。

高速工作时会产生一种快感，麦德林说："这比什么都好，比看电视有意思多了。"同时，他知道这样下去自己很快就会达到进步的极限，所以麦德林每周固定抽出两个晚上去学习电子学的课程，拿到文凭之后，他从事了更具有挑战性的工作。

麦德林就是在工作中创造了福流状态，将工作视为自我成长的挑战，在平凡的岗位上做出了不平凡的业绩。

（五）人际关系中的福流

良好的人际关系是幸福不可或缺的要素。社会科学调查的结论一致认为，一个人在有朋友、家人或其他人陪伴时最快乐，并且支持性的社会人脉能减轻个人的压力，提高其幸福指数。在工作之余，我们可以跟家人一起参与活动，享受家庭的温馨幸福，如：跟孩子一起下地专注地播种，无论孩子播得怎么样，请鼓励、欣赏他，让孩子感受到你全情的陪伴和爱。请你也享受跟孩子在一起的时光。跟自己的伴侣一起做一顿饭，无论做得怎样，你们夫妻二人和和气气，相互商量，此刻就是你们二人的世界。和志同道合的朋友一起聊天喝茶垂钓，你们一起沉浸在喜欢的事情上，彼此理解。

（六）在挫折中创造福流

人在得意时表现出的种种优点令人羡慕，但人在困境中表现出的种种优点更令人佩服。挫折来临时，请将挫折视为改变自己内在秩序的开始，将挫折转变成福流的活动，如：经常自我肯定；保持开放的心态，专注于个人目标的同时，根据外界的变化调整自己；寻找新出路，如果无法解决实现目标的障碍，就试试换其他更合适的目标；培养自得其乐的性格，利用身边的东西制造一些"小游戏"，以此保持内在秩序，避免自己的精神崩溃。

总之，你随时都可以创造福流状态，只要你愿意。比如：当你走在田间小路的时候，看着两旁绿油油的庄稼，想着丰收的情景，村民过上幸福美满的生活。你不由自主地调节了自己行走的速度，甚至走路的姿势也变了，你感觉一切都是那么美好。其实，你已经创造了福流的状态。

知识延伸

做喜欢的事容易进入福流状态

兴趣是最好的老师。有些人想要减肥，却总是功亏一篑，在某些时刻突然放纵自己，这是因为他们内心特别喜欢吃东西，但是又不得不克制自己，导致了自我损耗，削减了自控力。

自我损耗是强迫自己做不喜欢的事情后而导致的结果。想要进入福流状态，一定不能对正在做的事情感到排斥。

也有人会说，那面对自己不喜欢的事情该怎么办呢？

大脑的奖赏机制与多巴胺的分泌有关，我们之所以热衷于食物、娱乐、刺激感等事物，就是因为大脑分泌多巴胺之后，会让人感到愉快。

因此，面对不喜欢的事情，就要学会刺激多巴胺，建立正向连接。

如：阅读。想要变得喜欢阅读，可以在获得新知识时，人为地感到愉快，并且多加鼓励自己、赞美自己、赞美知识。长此以往，阅读就会和多巴胺分泌联系到一起。

如：沟通。作为村干部，你也许比较头疼与老百姓因为一些琐事而进行的沟通，如孩子不听话，婆媳不和……这时候你可以将沟通设定为提升自己口才，提高自己情商，让自己思维变敏捷，加强情感连接的方式……长此以往，与老百姓的沟通就会和多巴胺分泌联系到一起。慢慢地，你会将与老百姓沟通当成一件快乐的事情。

模块六　积极成就

成功不是永久的，失败也不是致命的。关键在于，拥有勇气继续前进。

——温斯顿·丘吉尔

项目一　培养成长型思维

决定一个人能力上限的，是成长型思维。

——稻盛和夫

学习目标

1. 了解什么是成长型思维；
2. 了解成长型思维与固定型思维的区别；
3. 掌握成长型思维的方法技巧和应用。

案例导入

为发展本村经济，经考察调研后，张庄的村党支部书记和村民委员会主任建议村民养珍珠鸡，10多家村民积极响应，结果一场鸡瘟，鸡还没长大就死了一大片。村民们非常气愤，纷纷要求村支书和村主任赔偿损失。

面对几十人的围堵场面，村主任慌忙地说："当初我们没有强迫大家养鸡，大家伙儿是自愿参与的。再说我不是兽医，鸡瘟我也没有办法，大家回去自己解决吧，我还有事儿呢。"村支书则耐心地对村民说："当初我们的确是想让大家通过养鸡发家致富，但缺乏可预见性，对于随时可能发生的事情我们也没有做周密的安排，导致大家遭受了损失，实在抱歉！不过大家放心，通过这件事情，我也总结了一些经验，我会找到解决事情的方法和措施，让大家将损失弥补回来，请大家给我两周时间。"

村支书带着村干部不仅拜访了防疫站，协调到了疫苗，还与鸡饲料厂签订了先给饲料后付款的合同，同时村支书还带领几家有意向继续养鸡的村民到邻村养鸡专业户那里学习，并请来兽医专家指导……

从处理村民养鸡难题这个事件中我们发现，张庄村主任和村支书在遇到问题的时候思维模式、工作态度不一样，结果也是不同的。这就是"思维模式"支配"行为模式"，而"行为模式"决定"结果"。村主任属于固定型思维，他的处理结果让村民怨声载道；村书记是成长型思维，他的处理结果是带领村民解决了养鸡难的问题。

一、成长型思维与固定型思维

古希腊哲学家艾比克泰德有句名言："人并非被事物本身困扰，而是被自己的想法所困扰。"每个人都同时拥有成长型思维和固定型思维，只是在特定情况下倾向于使用哪一种而已。如有的人在与他人交流方面采用成长型思维，而在自我成长方面则采用固定型思维。

请在你同意的观点后面打"√"。

①当我做某件事情失败了，我会从失败中学习。

②我能力太低，总是无法有效跟村民沟通。

③我喜欢挑战有难度的事情。

④当其他人做得比我好时，我会觉得受到了威胁。

⑤我会从他人做好的地方受到启发。

⑥当我做好某件事情时，我觉得是因为我聪明。

⑦我的才智是可以改变的。

⑧当我能做到别人做不到的事情时，我会很高兴。

⑨我喜欢接受我不熟悉的任务。

⑩有些事情，你再努力都做不好。

如果你在①③⑤⑦⑨后面打了"√"，说明你惯用成长型思维，如果你在②④⑥⑧⑩后面打了"√"，说明你惯用固定型思维。无论你是偏向于成长型思维还是固定型思维，还是属于这两种思维模式的混合型都没有关系，我们的目的是训练成长型思维。

（一）什么是成长型思维

1. 定义

成长型思维模式是一种积极、灵活、学习导向的思维方式。它源于心理学家卡罗尔·德韦克的研究，它强调个人的能力是可发展和改变的，个体是可以通过不断地努力、学习和实践来实现个人的成长和进步的。

2. 特点

拥有成长型思维的人相信能力的可发展性，他们认为个人的能力和智力并非固定不变的，而是可以通过努力和学习来不断提高和发展的。

拥有成长型思维的人注重过程而非结果，他们注重持续的努力和学习过程，认为努力和学习比单纯的结果更重要，更有助于实现个人的成长和进步。

拥有成长型思维的人能够积极对待挑战和失败，他们视挑战和失败为学习和成长的机会，能够保持积极的心态和应对困难的能力。

拥有成长型思维的人能够从他人处获取经验和指导，他们愿意接受他人的反馈和指导，从他人的经验中学习和成长。

（二）两种思维模式对村干部的影响

思维模式是我们内在的想法和念头，它时刻影响着我们的身心健康、行为风格、做事态度和最终结果。

1. 面对学习

固定型思维的村干部面对学习会说："有什么好学习的呢，都这么大年龄了，我不想学。"除非上级领导硬性安排，否则他们是不会学习的。其结果就是他们跟不上时代，容易被淘汰，被淘汰时又很焦虑，影响了身心健康。

成长型思维的村干部边工作边学习，他们知道不学习就无法完成好工作，其结果就是他们的能力不断得到提升，他们越来越积极、阳光、自信。

2. 对待挑战

固定型思维的村干部面对有挑战的工作时会说："好难啊，我不行。"他们连尝试都不尝试，直接就放弃了。其结果就是他们的思维越来越扁平化，能力越来越弱，身心也会越来越疲惫。

成长型思维的村干部，尝试用各种方式去解决问题，在解决过程中他们不断获得成就感，其结果就是他们的思维越来越多元化，能力越来越强，身心也会越来越健康。

3. 对待障碍

固定型思维的村干部在安排工作时，遇到不执行的人会生气发脾气甚至埋怨指责，这样做的结果就是对自己身心造成不良影响，他们的工作也不能执行到位。

成长型思维的村干部明白每个人的观念不同，不按照安排执行也是可以理解的，同时会想办法让对方执行到位。其结果是能让自己心情愉悦地跟对方沟通，并建立良好关系，工作也能执行到位。

4. 对待认真

固定型思维的村干部在工作中不认真，认为认真是不够聪明的表现，聪明的人"不需要认真就可以工作好"。其结果是敷衍工作，同时也敷衍自己。

成长型思维的村干部工作很认真，认为只有认真才能真正将工作做好。他们能够认真对待工作、认真对待自己，将工作和生活打理得井井有条。

5. 对待建议

固定型思维的村干部面对他人提出的建议，很生气也很难从中吸取有用的部分。长此以往，他自身的能量和影响力会降低，他的身心健康也会受到不利的影响。

成长型思维的村干部欣然接受他人提出的建议，并从中学习，不断让自己进步。长此以往，由于他自身能海纳百川，他的能量和影响力也会成倍增长，他的身心能够保持健康。

6. 对待他人成功

固定型思维的村干部将他人的成功视作威胁，容易产生嫉妒心，经常感到不安。长期在这样的状态下，他会产生焦虑、恐惧、害怕的心理，严重危害自己的身心健康，还破坏了人际关系。

成长型思维的村干部为对方高兴，从他人身上看到自己需要提升和学习的地方，为自己的成功找到可以借鉴的资源。

可见，成长型思维可以发现更多的可能性，更具有弹性和韧性，成长型思维接纳改变甚至主动拥抱改变，成长型思维秉持"积极主动"的态度，在影响圈发力多于关注圈，对自己的选择和行为全权负责。

二、养成成长型思维的方法和技巧

（一）3 步提升成长型思维

第一步：接纳。

如果某种内在问题存在并且在很大程度上影响了你，那么它一定在某些时刻，或者某些角度上帮助过你，为你带来过什么，所以你才如此依赖它。但是你一定要清楚它在什么时刻什么场景为你带来过怎样程度的好处，否则，没有强大的意志力，强大的执行力，以及正确的心理方法，你难以避免会陷入无休止的内耗中，也就是所谓的"自我否定的旋涡"。

第二步：觉察。

要想让自己身心健康，幸福快乐，工作轻松，需要觉察自己在什么时候最容易出现固定型思维，了解背后的原因。如：是在失败时，挑战时，还是看到他人成功时等，具体原因是什么呢？当你觉察到自己的固定型思维之后，你要跟它对话，告诉它为什么不这样做的原因，并邀请它一起面对挑战。如："我知道这可能会失败，但是我愿意试一试。你可以对我耐心一些吗？"同时思考解决问题的具体方法，方法越具体越好。

第三步：替换。

用成长型思维模式替换固定型思维模式。如"因为上级领导对工作要求严格，所以我很焦虑"可以替换为"上级领导对工作要求严格，所以我在工作时需要冷静对待，因为静生智慧，让我有更多的方法"我们可以反复思考如何替换，要求至少有 6 个不同的替换版本并从中选出你最能接受的一个，反复念，最后固定为你自己的。

如：上级领导对工作要求严格，所以我在工作时需要冷静对待，因为这样做

◇可以让我更有智慧处理村民的事件。

◇可以让我更加理性看待和处理问题。

◇可以让上级领导放心地将工作交给我。

◇可以让我思维更加敏捷。

◇可以让我变得更能干。

◇可以让我锻炼我的抗干扰能力。

思维模式的转变并不能瞬间实现，需要一个训练、适应和反复练习的过程。

应用练习

常村村主任的行动清单

常村村主任学习了成长型思维课后给自己制定了一个行动清单，他将行动清单贴在墙上，让它时常提醒自己。我们也可以将这些清单作为参考。

例1：当你否定自己的时候，说："我工作能力很弱。"

立刻换成：我只是转化不够而已，不如坚持练习一段时间！

例2：当你觉得自己不够聪明时，说："我不可能像她一样聪明。"

立刻换成：她是怎么做的，我也要试试看。

例3：当你觉得已经做得很完美时，说："我不能做得更好了。"

立刻换成：我还能做得更好，我要继续试试！

例4：当你觉得已经足够好的时候，说："我做得已经足够好了，就这样吧。"

立刻换成：也许再努力一点，我就能再提高一些。

例5：当你遇到困难的时候，说："这太难了。"

立刻换成：可能需要更多的时间和精力才能搞定。

例6：当你遇到挑战的时候，说："我做不好这些。"

立刻换成：我现在可能做不好，但没关系，不断挑战和学习后，我会越来越擅长。

例7：当你感到困惑的时候，说："这对我来说太难理解了。"

立刻换成：只要把漏掉的信息找出来，我肯定能搞明白。

例8：当你犯错的时候，说："我搞砸了，我是个失败者。"

立刻换成：这次错了，我以后就知道这么做是错的，又get一招，yeah！

例9：当你想放弃的时候，说："我的能力达不到，只有放弃了。"

立刻换成：问题没有方法多，此路不通换个方法就好了。

慢慢地，通过行动清单我们的成长型思维会培养起来。

知识延伸

大脑的可塑性——成长型思维的本质

成长型思维不是鸡汤，它是有着坚实的心理学研究基础作为支撑的。认知神经科学研究证实了大脑的可塑性，大脑就像肌肉一样，有着很强的可塑性，而这种可塑性是可以持续终生的。我们的大脑有几百亿个神经元，这些神经元之间通过突触进行连接，构成了神经回路和神经网络。突触会根据环境的刺激和学习经验不断改变，每当我们学习新知识时，我们就会产生新的突触，而复习已有的知识时，我们原有突触间的连接会更加牢固。

用形象的说法解释就是，我们的思维就像一张由无数神经细胞、神经回路组成的复杂的城市地图。固定型思维的人就好比是每次想去另一个地点（神经细胞）的时候，他通常走的都是同一条道路（神经回路）；而成长型思维的人就好比是每次想去另一个地点的时候，他都会尝试不同的道路，这些不同的神经回路逐渐形成小的网络，慢慢地就能解锁他那一大片的地图形状。走得越多，可连接的道路和构建起来的地图就越大。大脑的可塑性，意味着我们拥有真正改变自身的可能性。

项目二 增强复原力

凡不能毁灭我的，必使我更强大。

——尼采

学习目标

1. 了解什么是复原力；
2. 了解复原力及其特征；
3. 了解影响复原力的因素；
4. 掌握增强复原力的方法技巧和应用。

案例导入

有一个叫"小瓦村"的村庄，受地理环境影响常年严重缺水，全村人口1000多人，村民的用水仅靠着村里唯一的一口水井。很多村民因为排队取水以及水资源分配不均的问题，经常发生矛盾。面对村民的用水问题，刚上任的小瓦村党支部书记刘秀莲看在眼里急在心里，她下定决心一定要改变现状。

邀请专业人员勘测水源、召集村民打井……刘书记尝试过多种方式来解决村里的用水问题，均未有结果。村民的不理解、抱怨加上多日操劳，刘书记病倒了。即使在病床上她还一直坚定一个信念："目前村里水源问题遇到的一些困难是暂时的，一定有办法解决。只要一心为村民着想，用心找办法，就一定能解决村里的用水问题。"

功夫不负有心人，经过刘秀莲的多方对接、协调，她联络到邻近的北社村，将该村的水源接管到小瓦村就能有效地解决用水难的问题。她当即找到专业人员出具了解决方案、协调了信用社贷款，多次向领导汇报贷款进度和村里的用水难题，在最短时间内申请了贷款，接通了水管，使得小瓦村村民吃上了放心水，解决了困扰村里许久的大难题。

刘秀莲就是一位拥有复原力的人，在面对村民喝不上水这么大的困难时，她没有选择妥协和埋怨，而是一直抱着坚定的信念，用心地想办法解决问题。勘测水源、从北社村接水管，这些对于她来说都是挑战，但她不畏惧困难，迎接挑战，一次次突破。甚至在生病、各项事务缠身的影响下，她都能勇敢地面对和接受，最终她战胜了困难，解决了小瓦村村民的喝水问题。

一、什么是复原力

复原力，又称心理弹性、心理韧劲，指的是能够从挫折中恢复原状，从失败中学习经验，从挑战中获得动力，以及相信自己可以克服生活中任何压力和困难的能力。

复原力强的人拥有3个明显特征：冷静接受眼前的事实；在艰难时期依然能找到生活的意义；有惊人的临时应变能力，擅长利用手中一切资源。

二、影响复原力的因素

人们常说"越挫越勇"。有些人非常害怕失败，出现了一次失败，就觉得自己永远都不行了。为什么这些人不能顺利地从挫折中走出来呢？心理学家指出，这是因为每个人的复原力是不一样的。每个人的复原力之所以不同，受很多因素影响。

（一）远大的志向

具有远大志向的人，想得更多的是他人的利益，也就是我能帮助多少人谋幸福，在遇到困难时他能排除万难，想办法解决；而胸无大志的人，想的只是自己，为自己谋取一点利益，这样的人在遇到困难时也容易放弃。

（二）稳定的情绪

情绪稳定的人通常拥有较好的自我控制能力，不会采用偏激的方式处理问题，这类人更容易"东山再起"。反之，情绪不太稳定的人总是容易激动，他往往采取偏激的行为，让这个问题"难上加难"。

（三）积极的思维

具有积极思维的人，在看待问题和处理事情的时候能多角度思考，积极想办法解决；而消极思维的人，在看问题时比较片面，一叶障目，在处理事情时，也总是退缩不前，给自己找很多的理由。

（四）良好的关系

具有良好关系的人，遇到困难时更容易得到他人的帮助和支持，让自己较快恢复原来的状态；而与他人关系不好的人，则少了很多人的帮助和支持，恢复原状的时间会比较长。

（五）自信的程度

自信的程度是指人们对自己是否有能力完成某件事情所做出的推测与判断。自信心强的人，面对失败时也能够做到信心满满，相信自己有"东山再起"的能力，因此他会比不自信的人更容易恢复。

（六）幸福的家庭

心理学家的大量研究表明，家庭是影响一个人复原力的重要因素。从一个温暖、幸福的家庭环境中成长起来的人，往往会比那些从冰冷、不幸的家庭中长大的人复原力要强。家庭环境对一个人的影响真的很大。

三、提升复原力的方法和技巧

人的一生不会一帆风顺，当我们身处客观、真实的环境中，我们可以看到复原力的强弱关乎一个人能否不断前行。这就好比车没有动力时，是否能够找到加油站加满油。对比聪明才智、远大抱负、分析能力，复原力是立足之根本。

我们可以通过以下三步培养复原力。

第一步：自我对话

找一个安静、没有人打扰的地方，你可以选择坐下来或者躺下来。

回想一个有挑战性并给你带来过压力的情况。有人说，我有很多具有挑战性的情况，注意，你需要挑选那个目前来说对你挑战性最大的情况，你选择的情况不能太多，如果太多就会分散精力，反而会让你更焦虑、更烦恼、更无力。

回想起那个情况之后，请你花点时间想想自己是否能切实感受到身体中的压力和情绪不适。

将右手放到让你身体最不适的位置上，然后对自己说：这是一个痛苦的时刻。这很难。这就是别人经历我所经历的事情时的感觉。苦难是我们所有人生活的一部分。现在，对自己说：此时此刻，愿我善待自己。愿我给自己需要的和应得的爱。愿我能原谅自己。愿我接受自己是不完美的人。

对于广大村干部来说，这样的练习可能比较难做到，可是这个练习又很重要，因为它是培养复原力的第一步。一个人只有认识到困难只不过是人生的一个经历，所有的人都跟我一样，只有接受了自己的不完美，才可能真正拥有复原力。

第二步：梦想未来

准备一个笔记本，然后找一个安静、舒适的地方坐好，闭上眼睛，做几个绵长而深厚的呼吸，让自己放松下来。

想象你在户外漫步，此时阳光明媚，你惬意地走在一条小路上。想象你现在所走的路会让你迎面遇上未来的自己，也就是那个你想要成为的人。看到路前方的自己：他温暖、热情，很高兴可以见到你。注意观察未来的你的面部表情和肢体语言。他是何种站姿？穿着什么衣服？仔细看他的眼睛，把你看到的全部在内心中记下来。你和未来的自己离开这条小路，来到一个舒适的地方坐下来，向未来的自己提出下列问题：对你而言，生活中最重要的东西是什么？我需要明白什么道理才能过上有意义的生活？对于我目前所面临的挑战，你能给我提供什么指导？

未来的你对你说了些什么？你要记下来。他还为你准备了一份礼物，这份礼物具有特别的意义，你要记住询问它的特殊意义。

感谢未来的自己与你分享他的智慧，并以你的方式告别。然后回到当下，睁开眼睛。

请你尽可能详细地写下刚才和未来的自己会面时，他对你说的话，提出的建议，以及他送给你的礼物，这份礼物的含义是什么。

当你面临挑战不知何去何从时，你可以想想未来的自己说的话，提出的建议，打开他送的礼物看看。这样你就知道自己该何去何从了。当然，你可以定期与未来的自己会面，接受他分享的智慧和经验，让这些智慧和经验引导你过好每一天。

第三步：写画说动

1. 写

面对困难和挑战的时候，可以写点东西。写什么并不重要，重要的是把你的真情实感用文字表达出来。当你能表达出来的时候，你可能就会意识到你的负面情绪，你的无助。过一会儿，你也就找回了自己的理性，发现了战胜困难的信念和方法。

2. 画

如果你遇到困境和挑战，你可以随手找一张纸，拿起一支笔，在纸上随意画，想画什么就画什么，将你感受到的，看到的，听到的，都可以画出来。有人说我不会画，这没有关系，与会画不会画没有关系，与像与不像更没有关系，只要画就可以。你会发现你画着画着，呼吸平稳了，紧张消除了，甚至还有一股无比的兴奋感。甚至你会将笔一扔，说："没有啥，没有我过不去的坎儿。"

3. 说

作为乡村干部，我们遇到的事情非常多，烦恼也不少，有时候又一时不知道该如何解决，不知道该跟谁说，怎么办？我们可以自言自语，可以对自己说。想象对面是一个值得信赖的人，你可以将自己想说的，想表达的说出来。当然，你也可以找自己信任的人或者家人，将想表达的话说出来，这样有利于你从困境中走出来。

4. 动

当自己迷茫，不知道该如何处理一些事情的时候，你最好去运动，因为运动可以让你分泌血清素、正肾上腺素、多巴胺，这些传导物质可以让你产生快乐情绪，思路清晰，有利于解决问题。运动的方式可以多种多样：可以在田间小路走一走，跳一个舞，唱一首歌，跑跑步，什么都可以，只要你喜欢，根据自己的实际情况决定。

应用练习

青山村要搞新能源发展，建设光伏电站，发展此项目需要用到一部分扶贫资金。可是村民不愿意配合建设，他们觉得有危险，因为电站建设会占用自己的房顶。

作为该项目的负责人，梅书记在筹建期间就多次遇到村民到村支部和村委会上访，甚至出现村民与村干部产生言语和肢体冲撞的事情。当这种情况发生的时候，他总是顶住压力，克服内在与外在的各项困难，耐心地沟通、说服每一位村民，晓之以情、动之以理，他没有气馁更没有放弃，一次又一次用爱心和耐心感动了村民，让村民们理解了光伏发电是一种环保型的新能源建设，和村里的太阳能路灯原理一样，而且国家对建设光伏电站的村子进行专项资金补贴，电站的发电不仅能够为村民提供免费用电，其产生的收益还能帮村里修路、发展企业，提高村民生活水平。

虽然与村民的沟通遭受过多次挫折，但是梅书记一次次靠自己的复原力走出来了，并用智慧解决了问题。梅书记是怎么做到的呢？

与自我对话

想象村民抗拒建电站带给自己的压力，以及接受他们就是这样的人，感受自己的压力，然后对自己说：这个事情让我很痛苦，不过这个痛苦是我所要经历的人生的一部分。并对自己说，我不完美，但我可以做得更好。

与未来的自己对话

面对村民的不配合，梅书记问未来的自己，如果是你，你会如何做呢？未来的自己告诉他说："你是有办法的人，扶贫项目大意不得，事关村子未来的发展和老百姓的生活质量，你无论如何都要解决，你可以将发电的原理和光伏电站未来的发展前景耐心地向村民们解释清楚。"未来的自己给了梅书记解决问题的信心和力量。

写出解决问题的 N 种方法

梅书记在自己的工作日记本上，写了 N 种解决问题的方法，这个方法不行就换下一个，他大脑中有一个信念，方法总比问题多。

知识延伸

察觉大脑编造的故事

我们的大脑是一位非常厉害且有创意的编剧家，它每天不断地编造各种各样的故事，这是因为人类需要寻找意义，所以大脑就会自动解读每天所发生的事情，再加点新剧情，帮你创造意义。大脑编造故事并没有错，但很多时候我们却将"大脑编造的故事"当成了"事实"，就算这些故事有点扭曲，没有证据和逻辑，我们依旧相信这是真的，然后花费很多的精力和时间陷入这些故事情节中。而复原力来自弹性，其中就包括了让自己的思考有弹性。想要帮助自己建立弹性思维，我们可以先从观察大脑正在编造哪些故事开始。

一般来说，大脑最常编造出的故事线有以下 5 种：

第一种：读心术。想象一下你在工作的时候，老板经过，叫你待会儿去他的办公室一趟。这时候你的大脑就会开始用"读心术"故事线来编故事:"老板一定是昨天看了我写的报告后觉得我写得很差,所以才要和我谈话的。难怪他早上用那样的眼神看我,他一定认为我的能力不够好……"你看,老板只不过叫你去一趟办公室,你的大脑就给你脑补了后续会发生什么事情,是不是非常厉害呢?所以,任何种类的关系,不管是亲子、伴侣、朋友,或是同事,读心术都会带来关系的破坏,因为当你百分百确定"另一个人就是那样想"的时候,你就会去问、去澄清或去沟通。你把大脑编造的故事当成事实,而不去和对方沟通求证真实的情况。

第二种:都是因为我。你觉得事情发生的原因百分百都是自己造成的,都是自己的错。比如当你和伴侣吵架的时候,你认为一切都是自己的错:"都是我害的,都是我那么爱生气、事情又没有做好,所以才会惹到他不开心的……"当你陷入"都是因为我"的故事中,就开始产生许多内疚、羞愧,或是悲伤等情绪,你可能会觉得都是自己的错,所以把自己封闭起来,不愿意和他人沟通。

第三种:都是别人。和第二种故事刚好相反,你认为事情发生的原因百分百都是别人的错,比如你今天和伴侣吵架之后,你的大脑编剧家就不断地告诉你:"一切都是他的错,都是他那么自私、不愿意为我着想,所以才会发生这样的事情的,一切都是他害的。"当你落入"都是别人"的故事线时,就可能产生许多愤怒的情绪。同样地,这样的愤怒情绪会让你做出许多冲动的行为,阻碍你好好地和对方沟通。

第四种:灾难要来了。你的大脑编剧家会从一件事情,开始联想生活层面各种最糟的状况,然后编织出一场大灾难剧情。比如你今天和伴侣吵架了,然后脑海里的故事开始告诉你说:"完蛋了,我们走不下去了,我们要分手了,他明天一定会跟我提分手的,分手后我一定会难过得无法工作,老板也有可能觉得我的表现不好就把我炒掉,然后我就连工作都没了。而父母也肯定对我非常失望,最后亲戚朋友也一定会觉得我非常失败……"这就是一个大脑编剧家制造的灾难剧情,你把精力都放在了想象最糟糕的后果上,就没有力气去解决真正应该解决的问题了。在这个例子中,你应该做的是去和伴侣沟通,处理吵架的问题。

第五种:做什么都没用。这种惯性思维模式让你觉得自己无法做出任何事情去改变。比如你不幸被裁员了,然后大脑编剧家就会告诉你:"我已经快四十岁了,怎么可能再找到工作,看来我只能一辈子失业了!""做什么都没用"的故事线会带给你许多无助感,让你觉得没有希望了,不管做什么都无法改变现状。当你陷入剧烈的无助情绪时,你就无法看见在某些地方你还是可以有所作为的。这时候你应该做的是重新整理履历开始找工作,利用待业期间好好充实自己。

看完以上大脑常用的五种编剧后,你有没有觉得哪一种故事特别熟悉?你的大脑编剧家又是经常使用哪一种呢?

项目三 提升灵活变通力和坚毅力

穷则变,变则通,通则久。是以自天佑之,吉无不利。

——《易经》

学习目标

1. 了解什么是灵活变通力和坚毅力;
2. 了解灵活变通力和坚毅力的表现方式;
3. 掌握灵活变通力和坚毅力的技巧和应用。

案例导入

岳道河村盛产蟠桃,往年每到桃子成熟的季节就有许多外地人来村里收桃子,老百姓就在自家园子里将桃子卖给收桃子的人。可是疫情期间销量明显减少,不能眼巴巴看着桃子掉在树底下烂了,老百姓很着急。岳道河的张书记当机立断,组织村里年轻人筹备了2天开启了抖音直播,他们现学现卖,在果园里亲自带货直播。一时间,直播间里围观的人数就有上百人,网络上惊人的购买力,令大家伙儿难以想象……许多年轻人纷纷来到农村,用视频记录村庄生活,通过售卖农副特色产品获得收入,直播火了村超,电商甜了生活。在张书记的带领下,村里的网络主播带动了农产品销售,同时还宣传了家乡,岳道河村也成为网红景点。

桃子还是那些桃子,人还是那些人,张书记只是改变了思维方式,换了一个销售渠道,结局就大不相同了。这,就是灵活变通!灵活变通让张书记找到了解决问题的方法。

一、灵活变通力

灵活变通力是一个人在面对问题和挑战时,能够根据实际情况和需要,随机应变地处理事情的能力。它涉及两个方面:

灵活性:在遵循基本原则和规则的前提下,对于具体情境下的决策和执行,能够适时地进行调整和完善。灵活性强调的是在保持原则的基础上,对具体情况做出合理的改变。

变通性:在选择解决问题的方法时,能够创造性地运用不同的手段和方法,以达到最佳的解决方案。变通性强调的是方法的多样性和创新性,以及如何有效地在不同的情况下采取合适的行为和策略。

灵活变通意味着不固守已有的规则和习惯，而是在必要时根据新的信息和条件，重新评估并制订计划。它体现了一种积极主动的态度，以及对环境的敏感度和适应力。变通是一种思维，也是一种智慧，灵活应变才能路路畅通。"因地制宜""量体裁衣"是灵活变通的表现，而"削足适履""按图索骥"则是缺乏灵活变通力的表现。灵活变通力不仅帮助村干部更好地适应各种不同情况，高效处理人际关系，还能激发个人的创造力，使村干部在面对困难时不拘泥于一种解决方法，而是有多种途径可以选择。

二、坚毅力

（一）什么是坚毅力

坚毅力是一种积极的心理品质，是指个体能够在一段较长时间内，对长远目标始终坚持自己的持久激情，即使经历失败，仍然能够坚持不懈地努力追求目标的能力。

工作生活中我们在谈到如何克服"压力""沮丧"，如何"共克时艰"时，几乎都会提到"毅力""韧性"这些描述坚毅力的词汇。许多研究表明，坚毅力是当今世界成功所需的最重要的品质之一。例如，在西点军校进行的研究表明，相比于成绩测试分数和运动能力，坚毅力能更好地预测哪些学员将通过培训。坚毅力不仅是一种精神力量，更是一种态度，一种对目标的明确追求、对困境挫折的积极应对以及对自身能力的不断提升。拥有坚毅力的人，能够在逆境中保持冷静、坚定信心，并通过持续努力最终获得成功。

（二）"坚毅力2.0"的四个维度

"坚毅力2.0"是由美国著名学者保罗·史托兹博士在20世纪初提出的理念。他从四个维度全新定义和解析了坚毅力：

1. 成长性

愿意思考和寻求新想法、发掘其他选择、探索不同方式和新视角的倾向性。

成长性高的人更愿意打开思维，相信犯错是自身发展的必然过程；而成长性低的人会故步自封，觉得失败是对自身的否定，也不愿意探索新的方式，寻求支持和资源。

2. 反弹力

反弹力是指建设性地应对和尽可能充分利用逆境的能力。

实现高挑战目标必然是一个"升级打怪"的过程，会遇到各种困难和诱惑。反弹力高的人更具建设性，能被逆境激发出更多潜能；反弹力低的人更被动，容易抱怨和逃避。

3. 直觉力

直觉力是指校准目标，并能够选择有益和聪明的方式去实现它的本能判断力。

直觉力高的人善于在噪声中找到信号，对来自身体的隐喻，来自环境的信号更有觉知。直觉力低的人只能利用自己的理性进行决策，往往会忽略非理性和潜意识所蕴含的巨大信息。

4. 坚忍度

坚忍度是指为达成选定的目标，全身心投入、坚持不懈的程度。

坚忍度高的人更愿意为了目标付出更多的努力，投入更长的时间。坚忍度低的人难以持续付出，努力程度也会随着时间推移而减少。

坚毅力自测量表可以帮助村干部快速了解自己的坚毅力情况。

请你回顾一下自己在追求高难度目标时的状态，并用"是"或"否"来回答以下问题。

表 6.3-1　坚毅力自测量表

	第一部分	
1	有时候我躺在床上下决心第二天要做一件重要事情，但是到了第二天这种劲头又消失了。	是/否
2	当工作和娱乐发生冲突时，我总是选择先及时行乐。	是/否
3	我认为做事情不必太执着，所谓"谋事在人，成事在天"。	是/否
4	各种挫折困难会消耗我大量的精力，让我疲惫不堪。	是/否
以上选"是"不得分，选"否"得1分，小计_____		
5	我愿意参与长跑、远足、爬山等活动，而且总能坚持到最后。	是/否
6	我能够长期坚持，就算到尾声也不会急于尝试而草草收场。	是/否
7	我给目标定制的计划，如果没有不可抗力，往往可以如期实现。	是/否
8	我曾经有过转危为机的经历，成功地将困难转化为机遇。	是/否
以上选"是"得3分，选"否"不得分，小计_____		
第一部分总分（上面两个小计分相加）：_____		
	第二部分	
9	我害怕做自己从来没有做过的事情，或者进入一个全新的领域。	是/否
10	生活中遇到复杂的事情，我经常自己在原地打转，拿不定主意。	是/否
11	有时候我会感到不对劲儿或用了蠢办法，但往往会忽略这些感觉而照旧行事。	是/否
12	我经常难以意识到自己在追求目标的同时，可能无意间对外界产生了伤害。	是/否
以上选"是"不得分，选"否"得1分，小计_____		
13	我会经常反思自己努力的方式是不是足够有效。	是/否
14	我乐于向比我能干的人寻求帮助，征询他们的看法和建议。	是/否
15	条条大路通罗马，我会灵活地选择各种方法去实现目标。	是/否
16	我会抓住那些"灵光乍现"的主意来推进目标的实现。	是/否
以上选"是"得3分，选"否"不得分，小计_____		
第二部分总分（上面两个小计分相加）：_____		

表6.3-2 你的坚毅力风格

第一部分 得分		第二部分 得分		
		0-3分	4-8分	9-16分
	0-4分	随波逐流型	蓄势待发型	烟花易冷型
	5-9分	非撞南墙型		
	10-16分		志存高远型	

【蓄势待发型】

类型解析：

对你来说，能不能坚持完成一件挑战的事儿是个"随机事件"，有时候自己好像能量无限，能够完成大多数人做不到的高挑战任务，但有时候自己又像个"废柴"，放弃和逃避变成了常态。这天差地别的表现让你也搞不懂自己，到底什么才是决定你自己状态的关键，难不成是"看心情"？而你的坚毅力还有很大的潜力未被发挥出来。

提升建议：

找到那个决定你状态的"关键"很重要。建议你可以把这些年曾经坚持下来的事情列出来，仔细分析一下它们的共性，看看当时到底是什么把你"点燃"。这个过程中，也许你会发现"兴趣"或者"价值观"，也可能发现那些产生心流的源泉。无论是什么，在这些事情上继续投入你的坚毅力，相信你会有更大的收获。

【非撞南墙型】

类型解析：

"坚持"可能对你来说是一件自然的事情，而且遇到困难时你能够一路披荆斩棘、打怪通关。但你可能会忽略许多"让努力变得更有效"的新方法，也可能错过一些资源。这样会让你在漫漫的内卷之路上孤独地耗费着大量的能量，举步维艰，身心俱疲。

提升建议：

留心你身体发出的"信号"，不要用"可能太累了压力太大了"敷衍过去，躯体化的症状是重要的提醒，它在提示你可以考虑换一个方式，而不是蛮干，"干就完了"，也许就这么不动脑筋地"干"就真的"完了"。

【烟花易冷型】

类型解析：

你总是有着很多新鲜的观点和视角，像个激情四射的"机灵鬼"，总能不经意间冒出许多"新想法"，也总会一拍脑袋，说一番慷慨激昂的话，如办一堆没去几次的健身卡、买一堆没看几页的畅销书。但夜深人静时，你也许会想，我怎么才能在一个目标上"从一而终"呢？如果我可以实现哪怕一个目标，也许我的生活就会变得不同。

提升建议：

你缺的不是目标，也不是方法，而是持续的"动力"。你一开始的动力往往来源于一时兴起,所以来得快去得也快。建议可以更多探索"目标"对于你的意义,找到内在的动力,可能是一个自我超越,或是你比别人更擅长的动力,又或是对你身边爱的人也很有价值的动力。Flag 不在多,而在于立几个真的能"代表"你的存在价值的。

【随波逐流型】

类型解析:

你可能对高挑战的事儿感到"望尘莫及",也可能用"佛系"来解释迷惘和无力感。当你预见到有些目标需要长期坚持付出很多努力时,就想先放一放,"说服"自己"我不想要""那不值得"。然后遇事就不敢多想、多思考,下意识远离那些"热血"的"奋斗者",隔绝"变幻莫测"的世界。生活可能会逐渐变成一艘失控的小船,随波逐流,不知会漂去哪里。

提升建议:

想要重新掌舵,随时都可以。"先定一个小目标",这不是个段子,而是一个很棒的人生哲学。从一个小目标开始,让自己努力一把,实现一次,获得一份满足和自信,这个过程会帮助你重新起航,回到你选择的航线上,去往自己想要到达的彼岸。

【志存高远型】

类型解析:

当你瞄准目标后会是一个"脚踏实地走好眼前路,同时又不忘抬头看天"的人,在前进的路上你不光能埋头苦干,也会不断迭代进化,让自身强大,让资源丰富,让同路人更多,让努力更有效,进而也更有底气在人生中设置更多的"疯狂的目标"。

提升建议:

人与人之间的坚毅力水平是不同的,但对于每个人自身,坚毅力是有限的。在哪些目标上投资坚毅力,是值得思考的。将坚毅力运用在更多样的工作生活学习场景中,同时思考哪些目标对个人有价值的同时还能对身边的人、团队、组织、社区和社会也有价值,这些思考都会帮助我们的人生更为平衡与丰盛。

村干部在乡村振兴的第一线,遭遇到各种困难、挫折,不确定性和挑战性,高坚毅力会助力村干部在这奋进的时代抓住机遇,提升自身积极心理建设,将坚毅力升级到 2.0,从而更有效、更智慧地完成各项实践工作,创造更大的成就与价值。当我们将眼光放至我们的整个人生时,就会发现,坚毅力 2.0 不仅帮助我们实现每一个或大或小的目标,更将帮助我们追求志存高远的人生。

三、三步灵活变通法

当一个人身体灵动的时候,相对来说,这也会带动他内心的柔软,继而这个人在面对事情的时候,相对来说会灵活一些。三步灵活变通法可以独立使用,也可以合并练习,不过冰冻三尺非一日之寒,需要多加练习。

第一步:灵动身体。

在日常生活中我们发现，很多做事情拘谨、古板的人，身体很僵硬，动作比较笨拙。为什么？这是因为这些人古板的意识、信念影响了自己的行为、动作。反过来，身体的僵硬和动作的笨拙也会影响这个人思想的灵活性。

所以，平常多做一些让身体灵动的训练，如：太极拳，八段锦，瑜伽等。也可以播放一段轻柔的音乐，想象自己是一株水草，在水中随水流摆动身体。让自己的身体从头部开始，到肩部、胸部、腹部、腿部、脚部慢慢地轻柔，动起来。通过训练，身体就会相对灵动起来。

第二步：打开心灵。

当一个人遇到了所谓的绝境，是由于自己没有把心打开，使心陷于一片黑暗。封闭的心，如同没有窗户的房间，在这种心态下，你会感觉处在永恒的黑暗中。但实际上四周只是一层纸，一捅就破，外面则是一片光辉灿烂的天空。其实，心大了，事就小了；心小了，事就大了。所以，我们要经常做打开心灵的训练。双手掌心相对，互相击掌，同时做扩胸运动，双臂尽量打开。

坚持在一个地方，静下心来闭上眼睛，排除自己在生活中、工作中的一切私欲杂念，想象美好世界的一切景物，如：天空、大海、森林、高山、流水以及一些充满生命力的画卷，让这些占据自己的心灵空间，充分调动自己的潜意识，慢慢地发挥释放，循序渐进地充实到显意识中，改变思维逻辑，达到改变自己！

第三步：寻找资源。

复原力非常重要的一个要素是灵活变通的能力，也就是尽可能利用身边一切资源应对困境的能力。当身处困境时，请你相信，我们每个人拥有的资源都非常丰富。所以，充分发挥你的创造力，寻找资源，让资源发挥作用，然后聚焦于积极的步骤并改进。

在现实中，很多人不知道自己拥有哪些资源，于是也就无法运用资源，通过这个步骤的练习，可以发现自己拥有的资源，甚至可以自己开发资源，从而从一个全新的角度重新定义自己遇到的困难，提升自身复原力，给未来处理其他事情以足够的底气。

回想你曾经遇到过的困难，然后思考：

◇你对自己的环境做了哪些改变？

◇你做了哪些实质性的行动？

◇你运用了哪些能力？

◇你向哪些人寻求了帮助和支持？

◇你曾经调用了哪些资源来克服这个困难？

回顾这段经历，请你回答以下问题：

◇你要感谢什么？

◇你要原谅什么？

◇你得到最大的教训是什么？

详细列出你曾经用于克服困难的优势，思考你如何将这些优势应用于当前遇到的挑战中。

应用练习

　　在基层工作的村干部，经常会遇到有的村民不理解村里事务和村干部顶撞甚至吵架的事情。作为村干部，你该如何面对当众顶撞你的人呢？是批评，还是怼回去？还是用村干部的权力把问题压下去？显然，面对群众的不理解和不满情绪，对村干部来说，无论是批评还是怼回去都不是最恰当的方式，而应在理解村民的问题的基础上选择灵活变通的方法。我们提出了三点应对原则。

　　第一时间告诉对方，你是经过思考才做的决定。同时问他：

　　你觉得以这样的态度会让你得到满意的结果吗？

　　这是你该和领导说话的方式吗？

　　你去调整一下你的状态，调整好了之后，我们再来说事情。

　　在第一时间理性地、直白地告诉对方：有事说事、有理说理、有意见提意见、有建议说建议！在这种公开场合顶着来，你到底想干什么？想表达什么？

　　深呼吸，让自己情绪稳定下来，同时马上自我反省。

　　通过深呼吸，情绪稳定下来之后，问自己：

　　我布置工作考虑全面周到了吗？

　　我布置的工作考虑到对方可能遇到的问题了吗？

　　我布置工作时的语气和方法对吗？

　　对方是发泄情绪还是真正要解决问题？

　　当然，作为村干部也可以直接谈自己的不足！不惧怕自我"矮化"。这是一种胸怀的体现。敢于自我检讨的村干部，才能以退为进地树立自己的地位、形象、权威。

知识延伸

变通思维

　　一条河流从发源地的高山上流下来之后，经过了很多地方，然后遇到了沙漠。它想尽了办法，也过不去沙漠，不由得灰心丧气，想要放弃。这时，沙漠发出声音："你按之前的老样子，是永远无法跨越我的。只要你愿意放弃你现在河流的样子，让自己蒸发到微风中，就可以跨越我了。""这么做不等于是自我毁灭吗？"小河流这么问。"不会！微风可以带着水汽飘过沙漠，到了合适的地方，再将水汽释放出来，变成雨水，然后再次形成河流，继续前进。"沙漠耐心地回答。"那我还是原来的我吗？"小河流问。"无论你是河流还是水蒸气，都改变不了你身为水的本质，你还是你。"小河流终于明白了，它鼓起勇气，投入微风中，让微风带着它，越过沙漠。人生的道理也一样，想要跨越生命中的障碍，很多时候就需要具备变通思维，懂得变通，才能拥有智慧的人生。具体而言，真正厉害的人，往往有以下七种"变通思维"。掌握这七种"变通思维"，你也会越来越厉害。

变通思维1：一切皆为目标而变。

人的生活并非浩渺的沧海，而是可以由自身主观努力去把握与调控的，人生的方向和成就是由你所定的目标来决定的。目标的不同，必然导致人格和行为的不同，确定了高远的目标，就确定了自己的人生方向，找准了人生的坐标，寻找到了自己的绿洲，然后围绕着目标去改变自己、提升自己，就能拥有辉煌的人生。

变通思维2：人生求变靠勇气。

成功的路并非从一开始就有，或许有的也是充满坎坷荆棘崎岖之路，但你连战胜困难、主动求变的勇气都没有，怎么会有路出现在你面前呢？不怕困难的人，才能走出一条路来。要想摘一朵冰雪中的雪莲，就要有爬上高山不怕严寒的勇气。

变通思维3：主动求变，在进取中求赢。

人生犹如"逆水行舟，不进则退"，不要奢想安逸度日，你只能把终点"变"为起点，进取，进取！必须脚步不停、一路奋进，在进取中寻求自我改变，在改变中寻求和把握成功的机会。

变通思维4：随机应变，稳中求赢。

信息化的社会，变幻莫测，机遇对于人们的重要性不言而喻，成功的一个关键就在于能否把握住变化着的机遇，也就是做到随机应变，有机会，抓机会；没有机会，创造机会！

变通思维5：因人而变，塑造灵活处世的自己。

古语有云：夏虫不可语冰。同样道理，为人处世，人际交往要灵活多变，对不同的人，采用不同的方法，左右逢源，让你更受欢迎、广受欢迎。

变通思维6：有思路才会有出路，善于转变思维、角度和方法。

对待一个问题，不同的人有不同的看法。在许多事情的处理上，只需要我们转变一下思维，变一个角度，换一个视角，就可能得到意想不到的结果。这就要求我们善于变通思维，善于从不同的角度看问题，用不同的方法解决问题。

变通思维7：转变观念，快乐生活。

很多人常常埋怨世界变化太快，自己跟不上节奏，使得自己的生活过得不顺心，心情抑郁。这就要求我们转变观念，做到与时俱进，始终站在这个社会的最前沿，如此，就不愁没有快乐。

模块七　积极意义

人类的一切热情，不管是"好的"，还是"坏的"，都是因为他想使生命有意义。要想使他产生变化，就必须让他能够找到一条新的道路，让他能够激发"促进生命的"热情，让他比以前更感觉到生命的活力与人格的完整，让他觉得比从前活得更有意义。这是唯一的道路。

——埃里希·弗洛姆

项目一　寻找生命真正的意义

生命的意义在于付出，在于给予，而不在于接受，也不在于争取。

——巴金

学习目标

1. 了解生命意义的内涵；
2. 理解生命意义的重要作用；
3. 掌握提升生命意义的方法和应用。

案例导入

著名心理学家弗兰克尔是20世纪的一个奇迹。纳粹时期，因为是犹太人，他的全家都被关进了奥斯威辛集中营，他的父母、妻子、哥哥，全都死于毒气室中，只有他和妹妹幸存。弗兰克尔不但超越了这炼狱般的痛苦，更将自己的经验与学术结合，开创了意义疗法，帮助自己和他人找到绝处再生的意义。

弗兰克尔一生对生命充满了极大的热情，67岁开始学习驾驶飞机，并在几个月后领到驾照。80岁时还登上了阿尔卑斯山。他根据亲身经历写出的《活出生命的意义》

感动了千千万万的人，这本书被美国国会图书馆评选为具有影响力的十本著作之一。到今天，这部作品销售已达1200万册，被翻译成24种语言。他并不是当年集中营里被编号为119104的囚徒，而是让人的可能性得以扩大的圣者。

一、生命意义的内涵

生命的意义究竟是什么？这是一个困扰无数人的问题，也是哲学、心理学、社会学等众多学科研究的焦点。尽管每个人对生命的意义有自己的看法和理解，但寻找生命的意义对我们个人和整个社会的重要性是毋庸置疑的。

生命意义感的概念，最初起源于一个哲学问题：人类为何而存在。直到20世纪60年代，弗兰克尔以他在"二战"纳粹集中营的经历著成《活出生命的意义》一书，"生命意义感"的哲学概念才被正式引入心理学领域。

弗兰克尔的意义疗法指出发现意义的三个途径：工作、爱和苦难。工作，做有意义的事，指的就是我们要去创造，去实现自己的价值。爱，关爱他人，就是我们要去经历爱与被爱的过程，所以人际关系和生命的意义有很大的关联。而苦难就是在人生中不可避免的挫折和困难面前，我们应该选择怎样的态度，如何从苦难中获得成长。

二、生命意义的重要作用

意义是非常重要的，经过50多年的研究，大量证据表明意义对于我们人生的重要性，它可以为我们带来幸福感、健康、长寿、学业成绩的提升、良好的人际关系、良好的适应能力等。

意义不仅仅是一种美好的感觉，而且关系到我们的生死。积极心理学家迈克尔·斯戴格分享过一项来自Rush大学医学中心的研究：2009年，他们追踪了一群老人，观察他们在五年内的心理和健康状况，结果发现，随着年龄的增长，那些没有意义感的老年人死亡的风险是那些有意义感的老年人的两倍多。在排除了抑郁、残疾、情绪波动等个体差异因素之后，意义感可以将这些老人的死亡风险降低57%。意义感可以很好地帮助我们应对压力和绝望情绪。意义感不仅能帮助我们解决心理上的压力，甚至能帮助我们解决从荷尔蒙、血液和心率中测量到的生理压力。通过血压和其他多种生理指标的测量结果，我们不难发现，拥有强烈意义感的人感受到的躯体压力较小，他们也表现出较少的绝望感。

事实上，当把这些结果放在一起看时我们会发现，那些有强烈意义感的人往往生活得更健康，也会活得更长久。拥有很强生命意义感的人，大概率会过得更加长寿、健康、快乐、适应性强、对他人更有帮助，并且有着良好人际关系的人生。

三、探索生命意义的方法和技巧

请您花一点时间思考："对您来说，什么使您感觉到您的生活是很重要的？"认真阅读下面的条目，根据自己的实际情况，在每一题代表相符程度的数字上打"√"，数字越大表示该项目越符合你的实际情况或感受。

表7.1-1 人生意义量表

项目	完全不同意	基本不同意	有点不同意	不确定	有点同意	基本同意	完全同意
1. 我很了解自己的人生意义。	1	2	3	4	5	6	7
2. 我正在寻找某种使我的生活有意义的东西。	1	2	3	4	5	6	7
3. 我总是在寻找自己人生的目标。	1	2	3	4	5	6	7
4. 我的生活有很明确的目标。	1	2	3	4	5	6	7
5. 我很清楚是什么使我的人生变得有意义。	1	2	3	4	5	6	7
6. 我已经发现了一个令人满意的人生目标。	1	2	3	4	5	6	7
7. 我一直在寻找某样能使我的生活感觉起来是重要的东西。	1	2	3	4	5	6	7
8. 我正在寻找自己人生的目标和"使命"。	1	2	3	4	5	6	7
9. 我的生活没有很明确的目标。	1	2	3	4	5	6	7
10. 我正在寻找自己人生的意义。	1	2	3	4	5	6	7

计分

生命意义感：（5题）2、4、7、8、9；寻求意义感：（5题）1、3、5、6、10；反向计分项目：2（第二题）。该量表采用正向积分，得分越高生命意义感越强。

应用练习

遗愿清单

《遗愿清单》这部电影中两位身患癌症的病人机缘巧合之下相识，结为好友。二人决定在余下的日子里，用纸记录下生命中尚未实现的愿望，书写最美的人生。有趣的是，他们在逐一完成清单时发现：原来生命可以如此丰富。

在书写遗愿清单前，我们往往会陷入这样的定式思维：我需要先为自己的工作、社会身份、房子、人际关系而努力，等到有所成就后再留出时间来满足自己。但是，当人们体会到生命的有限性时，他可能会发现，原本以为重要的东西其实并不重要，他开始尝试那些内心渴望却总被压抑的东西。此时，他打开了生命的不同可能性。

请拿出一张白纸，逐一写下你所有能想到的生命中内心最渴望的事情，一刻不停地写，直到找到最让你触动的关键词，把它们串成一个句子。

通过书写梦想清单，你开始寻找自己真正想过的生活。清单内容尽可能不要和金钱、权利有关，不要书写外部对你的评判，比如我要过得比某某幸福，你需要写下的是你内心真正想要做的事、想体验的事，10 件就可以了。

梦想清单——增加人生体验，感受生命的美好

1. 环游世界
2. 真正爱上一个人
3. 让某人知道他对你有多么重要
4. 追逐你的热爱
5. 改变某人的生活
6. 做至少一件不求回报的善事
7. 学习一门新语言
8. 培养并保持一种运动爱好
9. 给某人一个发自内心的惊喜
10. 与陌生人开始一段友谊
11. 告诉你的父母和兄弟姐妹你爱他们
12. 尝试不同领域的职业
13. 做一次极限运动
14. 达到你理想的体重
15. 跑一次马拉松
16. 去体验一次潜水，近距离感受海洋生物
17. 去滑一次雪
18. 爬一座高山
19. 骑一次马
20. 学习一种策略游戏
21. 与过去的老师联系
22. 尝试一次创业
23. 乘坐一次热气球
24. 做一些志愿者工作
25. 在雨中赤脚行走或跳舞
26. 体验光脚跑步
27. 认真感受一次日出和日落
28. 去看一次北极光
29. 去远离城市的郊外看一次星空
30. 种一棵树，看着它成长

31. 养一个宠物
32. 在一群人面前做公开演讲
33. 举办一次盛大的聚会
34. 进一步地学习
35. 学会演奏一种或多种乐器
36. 学会跳舞
37. 体验一次公路之旅
38. 体验一次徒步之旅
39. 来一次说走就走的旅行
40. 出演一次电影（自产或其他）
41. 为你所爱的人做一顿家常便饭
42. 在户外睡觉
43. 进行一次冥想静修
44. 做一件完全疯狂和脱离角色的事情
45. 坐一次飞机头等舱
46. 乘一次直升机
47. 见到一个你只能在梦中遇见的人
48. 体验最基层的工作
49. 改掉自己身上一个或多个缺点
50. 建立自己关于生命和生活的思想理论

项目二　成为自己人生的意义策划师

肯定人生有意义的人，通常都有一个富于挑战性、足够凝聚他们全部精力的目标，人生意义就建立在这个目标之上。我们不妨把这个过程称为"找到方向"。

——米哈里·契克森米哈赖

学习目标

1. 了解为什么工作、为谁工作；
2. 熟悉马斯洛需求层次理论；
3. 掌握职业三叶草和幸福工作 MPS 模型；
4. 理解感恩工作的意义。

案例导入

"张书记，我的田地被征用了，而补贴又这么少，我以后的日子怎么过呀？""张书记，那些人不听话，我管不了呀。"……

每天张书记一上班，就面对许许多多的杂事，这就是曹东村的张书记一天的工作。虽然他每天面对这么多的杂事，可是你会发现，挂在他脸上的始终是爽朗的微笑。有人不理解，问张书记："你每天面对那么多的杂事，烦不烦呀？"张书记说："烦也要面对，不烦也要面对，我选择在面对的时候不烦。同时，帮助大家处理问题是我工作的一部分，如果大家有问题，但不找我，我看似清闲，但工作的意义在哪里呢？"

张书记工作的意义和价值就是帮助更多的人解决问题，让每一天都值得记忆。这让他能在嘈杂、烦琐的事务中找到乐趣和工作的价值，从而总能以正向积极的态度面对工作。

一、工作的意义

（一）为什么要工作

知乎上有个备受关注的话题：你工作快乐吗？你的工作好吗？有没有觉得干了一段时间以后你很不开心？有没有觉得自己没有得到应有的待遇？有没有觉得工作像一团乱麻每天上班都是一种痛苦？有没有很想换个工作？有没有觉得现在的工作并没有

当初想象的那么好？有没有觉得这份工作是当初因为生存压力而找的，实在不适合自己？

其实，你不快乐的根源，是因为你不知道要什么！你不知道要什么，所以你不知道去追求什么！人生需要设计，每个人都可以成为自己人生的"意义策划师"。

工作是现代人生活的重要组成部分，每个人都或多或少地参与其中。每个人对于工作的理解和看法都不尽相同，有的人认为工作仅仅是为了赚钱，有的人则更加看重工作所带来的成就感和是否能够实现自我。

美国著名的社会心理学家马斯洛创造性地提出了人的需求层次理论。他把人的各种需求分为五个层次，这五个层次依次序上升，它们分别是生存需求、安全需求、爱与归属、尊重需求、自我实现。

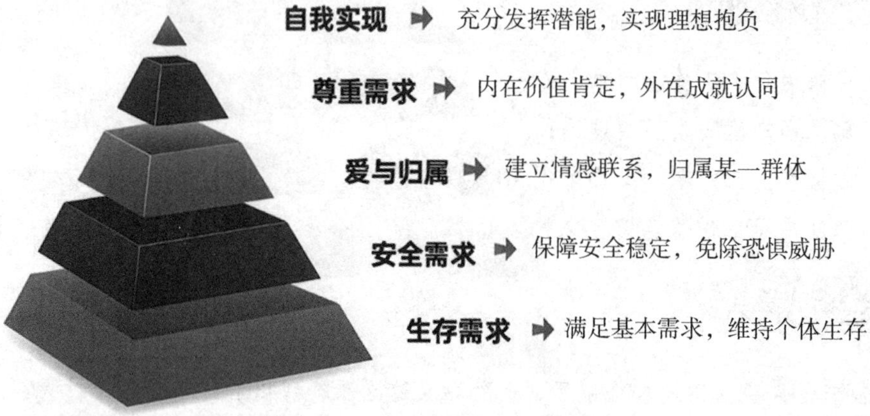

图 7.2-1 马斯洛需求层次理论

1. 生存需求

工作是摆脱贫困和生存压力的有效方式之一。天下没有不劳而获的好事，靠工作来获得收入是每个人谋求生计的基础。工作可以让我们拥有居所、衣食，使我们不再为维持生计而担忧。而且通过劳动收获的财富会在一定程度上增强人的自尊心和归属感。根据马斯洛需求层次理论，我们不难看出，其中生存需求是人的各种需求中最基本、最强烈的一种，是对生存的基本需要。

同样，人们之所以工作，首先就是希望通过工作来满足自身生存的需要，也就是说人们希望从工作中得到衣食住行方面的满足。事实就是如此，工作能提供给我们收入，收入能满足我们的生存需要。如果一个人丢掉了工作，那么就意味着他失去了最基本的生活保障。一个人连生活都保障不了，那些长远的理想又从何谈起？

2. 实现自我价值

工作是人们自我实现的重要途径之一。工作不仅可以让我们有所收获，而且还可以让我们感受到自己的价值。每一个成就、每一个进步都是一种自我实现。通过工作，人们可以展现自我、提升自我，在劳动中感受到幸福和满足。

3. 人际交往

工作中的交往是人际交往的重要方式。工作中的同事和合作伙伴都是生活中的重要人际关系网。在工作中，我们可以结交更多不同类型、不同背景的人，获取不同的经历和信息。这对于我们日后的发展和职业选择都有很大的帮助。

4. 实现梦想

工作是实现梦想的直接途径。从事自己所热爱、所擅长的职业，可以让人感受到充实和满足，带来成就感，达到自我实现的目的。工作有可能让人实现名利双收。

5. 提升智力

工作也是人们提升智力的途径之一。在工作中，我们不断面临各种不同种类的事物和问题，需要不断地学习和积累知识。这不仅是工作中的技术技能，还包括与人交往、领导管理等多种方面的技巧与经验。在工作中我们不断地学习、创新、发展自己的能力，提升自己的智力。

总之，工作是人们生活中不可或缺的组成部分。它不仅是解决生计、赚钱的途径，更充满了实现自我、达成梦想、扩展人脉、提高智力等多方面的意义。我们应该在珍惜工作的同时，坚定地追求自己的目标，令自己的人生充实而满足。

（二）为谁工作

1. 工作是人生使命

约翰·洛克菲勒说过这样一段话，充分说明了工作的意义："工作是一个人施展自己才能的舞台。我们的知识，我们的应变力和决断力，我们的适应能力和协调能力，都将在这样的一个舞台上得到展示。除了工作，没有哪项活动能够为我们提供如此高度充实自我、表达自我的机会，没有哪项活动能够提供如此强烈的个人使命感和一种活着的理由。工作的质量往往决定着我们生活的质量。"

每个人都需要工作，但工作应该是一种创造的过程，创造自身价值的过程，在创造中寻找乐趣和意义才是工作的最高境界。虽然每个人工作的目的不尽相同，但肯定不能仅局限于挣钱谋生等眼前的利益。

心理学家埃米·瑞斯尼斯基认为，人们对待工作按照从低到高有三种方式，人们使用不同的方式对待工作也会得到截然不同的境遇和结果：

任务：在这种情况下，每天上班是因为他必须去，工作只是为了养家糊口，心情沉重，甚至有一种上坟的心情，而不是他想去，处于"要我做"的层次。

职业：除了注重财富的积累外，也会关注事业的发展，比如权力和声望等，关注的是下一个升职的机会，当升迁停止时，就开始去别的地方寻找满足与意义。

使命：工作本身就是目标，使命感使人幸福，处于"我要做"的层次。薪水和机会固然重要，但更重要的是想要这份工作。他们的力量源于内在，对工作充满热情，也在工作中感到了充实和快乐。工作对他们来说是恩典，而不是折磨。

2. 为他人工作也为自己工作

人生离不开工作，工作不仅能赚到养家糊口的薪水，同时，困难的事务能锻炼我们的意志，新的任务能拓展我们的才能，团队合作能培养我们的人格，协调交流能训练我们的品性。从某种意义上来说，工作是为他人服务的同时，也为自己服务。只有抱着"为自己工作的心态"，承认并接受"为他人工作的同时，也是在为自己工作"这个理念，才能心平气和地尽职尽责地将手中的事情做好，才能赢得同事、领导以及社会的尊重，实现自身的价值。

二、职业生涯三叶草模型

工作的本质是通过价值创造完成价值兑现。我们能够进行价值创造的前提是对所从事的工作内容有兴趣，兴趣加上持续的投入，让我们具备完成工作所需要的能力。通过能力创造价值，我们可以获得物质回报和精神回报，这些东西让我们感受到价值感和满足感，从而有更强的兴趣投入到工作中，这样形成一个闭环。所以完美的工作应该包含兴趣、能力、价值三个方面。

◇我们感兴趣的。

◇我们有能力胜任的。

◇能够回馈给我们价值的，与我们当下所追求的价值观相符的。

当以上三个方面都获得满足时，我们体验到的是快乐，对工作有热情、有成就感和掌控感，觉得工作有意义、有价值。相反，如果当某一方面得不到满足时，我们会产生负面的体验和情绪。

三叶草模型，可以通过我们在工作中表现出的情绪状态，来帮助我们进行自我觉察，或者帮助我们判断当下职业发展的状态是什么，哪里存在问题，应该从何处着手解决问题，促进发展。

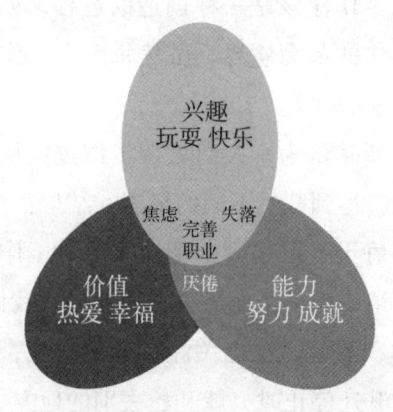

图 7.2－2 职业生涯三叶草模型

(一) 不理想的职业状态和典型特征

1. 兴趣缺失

厌倦。

易感人群：工作3年以上，或同一个岗位工作2年以上，已经度过了起步适应阶段，在发展期出现工作倦怠。

心理反应：厌倦，记忆力下降，反应速度变慢，长时间的厌倦容易演化为抑郁。

身体反应：手脚冰凉，发冷，头疼，注意力涣散，行动速度下降。

2. 能力缺失

焦虑。

易感人群：刚进入职场、刚晋升、刚进入新的岗位、工作挑战大时。

心理反应：易怒，暴躁，说话声音快，容易情绪激动。

身体反应：失眠，发烧，胃病，头疼。

3. 价值缺失

失落。

易感人群：工作得不到回报和认可时、所做事情与自己的价值观发生冲突时。

心理反应：短期会有抱怨和愤怒的表现，工作没动力。

身体反应：行动速度下降。

通过以上典型特征，大致可以推断我们当下的工作状态或可能面临的风险，以便及时调整状态。

(二) 三叶草评估和调整步骤

当我们陷入不理想的工作状态时，可以通过以下步骤来识别问题并做出努力改善。

步骤1：状态评估。

你觉得现在的工作状态对你来说，在新鲜感、掌控感和满足感方面分别可以打多少分？（1—10分）可以根据你自己的真实感受，在下列三方面打个分。

感到工作新鲜、快乐有趣。

对工作有掌控感，能体验到成就感。

工作给你带来满足感和幸福感。

状态判断：

①兴趣高，能力低，价值还可以：有兴趣意味着愿意持续地投入和学习，未来仍有较大发展空间，当下需要重点做的是关注能力的提升。

②兴趣低，但是能力和价值回报相对高：兴趣一般，能应对当前工作，并在工作中已拿到自己想要的价值，但因已产生倦怠，未来的上升和成长会相对受限制，需要撬动新的兴趣和价值增长点，才能进阶到新的阶段。

③兴趣高，能力也还可以，但价值低：虽然对工作有兴趣也能胜任，但得到的价值无法令自己满足或者与预想的价值有差距。这个价值不一定指物质回报，也指精神和心理需求上的满足，比如是否有意义感，是否被认可，是否能够体验到自己想要的人际关系。这个时候通常需要澄清下自己想要的价值是什么，然后再根据自己想要的价值尝试转换方向，或者在原有的工作上链接、撬动更多价值。

步骤2：探讨和反思。

在完成步骤1的打分以后，我们可以对照分数分析现状，并思考能够带来积极改变的关键驱动因素，可以问自己的问题：

为什么是这样的分数？

到底什么地方让自己觉得不够舒服？

觉得自己在哪些方面可以提升？

有没有哪个部分，如果一旦它提升，就能给自己带来全局提升？

环境中有哪些资源是自己可以利用的？

这一步的目标让我们看清当下的状态以及背后的原因，同时思考一下周围环境中有哪些资源是可以利用的。

步骤3：提出改善策略。

①如果是兴趣不足：兴趣反映的是我们对一件事情的"认知"，而我们如何"认知"一件事情，是可以被改变的。

"挖掘"工作中的兴趣点：所有工作都可以发展出兴趣点，关键是找到我们个人的价值观和当前环境以及当前工作可以链接的部分，兴趣都是可以挖掘和培养的。通过刻意练习，我们能够培养自己从一件事情中找到乐趣的能力。

②如果是能力不足：适当调整预期，正确使用能力管理策略。

适当调整预期：合理评估自己的能力和资源，适当调整工作目标，避免完美主义倾向。

评估自己当下能力的边界，对于超出能力范围的事情，寻求别人的帮助，能够寻求帮助，也是职场中一项关键的能力，这样可以避免自己出现压力爆棚，同时也不至于把事情搞砸。

使用正确的能力管理策略。

加法：指通过个人的经验、学习提升能力，这是需要时间的。

减法：降低目标和任务难度。

乘法：找重要的人一起协同完成任务，整合资源，发挥协同效应。

除法：把目标细分为具体可执行的不同任务，找人去做，把事情分解下去。

③如果是价值不足：重新审视现有工作的价值，同时链接更多价值。

列出自己当下阶段最希望在工作中获得的价值,是物质回报、精神认可、学习的机会,还是链接更多的社会资源。

思考现有工作如何能够产生、链接,或者说撬动更多价值;身边总是有足够的机会让我们去实现自己的价值。

换不同的视角、角度看事情的价值,有时候其实我们的核心价值已经被满足了,但人往往容易高估暂时未被满足的价值,同时忽略和低估已经满足的价值。通过重新评估和理解一份工作的价值,我们会看到已经被满足的价值。

不同的人或同一个人处在不同的阶段,其所追求的价值是不一样的,我们要善于挖掘工作和个人价值重合的部分,提升工作动力。

应用练习

村干部幸福工作的 MPS 模型

泰勒·本·沙哈尔博士在哈佛大学最受欢迎的幸福课"幸福的方法"中提道:满足自我追求的同时履行社会和家庭的义务,找到兴趣爱好与工作的平衡点。村干部可以充分运用沙哈尔博士积极心理学的 MPS 模型获得指引。

MPS 模式指的是意义、快乐、优势,它可以帮助我们发现自己喜欢并且擅长的工作。村干部在乡村振兴的工作中扮演着重要的角色,如何在岗位上找到最佳的工作状态,发挥我们的优势和热情是村干部积极心理建设的重要内容。

村干部承担着推动经济发展、促进乡村治理、加强乡村基础设施建设、促进农村文化发展、加强农村社会保障、促进农民增收致富、积极解决村民问题等工作职责,面对纷繁复杂的各种事务,我们要不断加强积极心理建设,适时调整好工作状态,运用积极心理学的 MPS 模型,让自己静下心来,用以下三个关键问题跟自己的内心链接:

什么能带给我意义?

什么能带给我快乐?

我的优势是什么?

要注意顺序,然后看一下答案,找出这其中的交集,这样能使我们感受到工作的幸福。

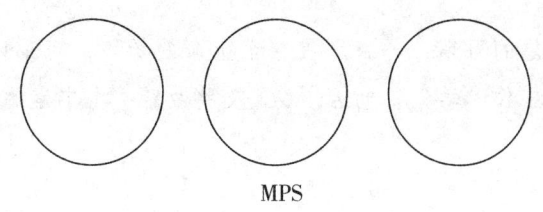

MPS

知识延伸

最高的情商，就是满怀感恩去工作

拿破仑·希尔曾说过："真正的成功者全部都怀着一颗感恩的心，他们比别人更具智慧。"工作中总有不少让人不如意的地方，但是，如果我们能抱着感恩的心态去看待这些，就能豁然开朗，能在不幸时得到慰藉，在遇到困难时得到帮助，进而获取前进的动力，而精彩的人生也必定是属于那些对挫折也心存感激的人。

如何培养感恩呢？

时常关注自己所拥有的

在自己处于情绪低落时，可以多想想我们已有的生活和所爱的人，还有在自己困难时帮助过自己的人。

一张表达谢意的纸条

生活中有人帮助了我们的时候，不妨写一张表达谢意的小纸条，告诉对方我们的感激之心。

一个小小的拥抱

对我们的家人以及与我们共处了很长时间的朋友或同事，用一个小小的拥抱来表达我们对他们的感谢。

列一份感谢别人的理由

列这样一份清单，写上我们对他的感受，为什么喜欢他，或者他从哪些地方帮助了我们，而我们因此深怀感激，然后将这份清单交给他。

提供帮助

当我们为周围的人做了自己力所能及的事情并收到了对方的感谢的时候，我们的内心是相当满足的。予人玫瑰，手有余香。

对每一天怀有感恩

我们并不需要感谢特定的某人某事，我们可以感谢生活！感谢今天又是新的一天，是崭新的完美的一天。我们应该好好珍惜这一天，用一天的时间来丰富自己的内心，过充实的一天。

当我们养成了感恩的习惯，并将之贯穿至生命的始终，时刻以一种回报的心态来看待这个世界，努力工作、学习、生活，我们必将收获一个丰盛的人生！

项目三 提升人生管理，成就美好事业

以利他心度人生，能增强人的成就感和幸福感，最终回报会回到自己身上，对自己同样有利。

——稻盛和夫

学习目标

1. 了解成就感的内涵；
2. 理解人生目标管理的意义；
3. 掌握提升人生管理的方法和应用。

案例导入

李铭是南阳村最年轻的村主任，他很热心村里的工作，带领全村发展经济，在他的努力下，乡村建设也取得了很大的进展。然而，近两年，超负荷工作量使他在工作中慢慢失去了热情，他有了倦怠感，甚至感到有点空虚，觉得自己的辛勤付出没有任何成就感可言。他开始思考，是什么原因造成了目前的身心状态？他应该如何在工作中找到成就感？

一、成就感

成就感是指一个人做一件事或者完成某项具有挑战性的任务后感到愉快或成功的感觉，即愿望与现实达到平衡而产生的一种心理感受。成就感在工作生活中起着重要作用，可以让人感受到自身的价值、肯定自己的能力、提高自我价值感和自尊心。那么，一个人的成就感来自哪里？

（一）目标的达成

人们追求目标的过程中，如果成功地完成了目标，就会获得成就感。这个目标可以是学习上、工作上、生活中的一些小而美的事情，比如完成一项重要的任务，实现一个小目标，等等。通常，目标的达成会带来一种成就感，并反映在个人的情绪、行为和思想上。

（二）自我克服的能力

自我克服的能力是一个人在追求目标过程中的自我管理能力。在这个过程中，人

们需要以自己为挑战对象，不断地去克服自己的局限，完成自己原本认为难以完成或者无法完成的事情。当一个人发现自己克服了自己的局限，完成了极具挑战性的任务，他会从内心深处感受到一种成就感，这种感受是不可替代的。

（三）群体的认可

人们往往能够从群体的认可中获得成就感。因为群体的认可，可以让人们感受到自己具有价值，可以增加自己的社交资本，提高自己的生存竞争力。比如，在团队或组织中完成一项任务时，组织或同事的表扬和认可，可以让一个人感受到自己的价值，引发成就感。

（四）超越自己的期望

人们在获得成就感时，往往是基于超出自己期望的成果。当完成了一个自己原本认为难以完成的任务时，这种感受会更强烈。这是因为人们会意识到自己的能力超越了自己的期望，这时一个人从内心深处会获得一种强烈的满足感和成就感。

成就感是在实现自己价值和追求梦想的过程中体验到的，一个人的成就感可以从很多方面体现，在不同的人生阶段成就感的来源和表现也会有所不同。

二、成就感和目标

成就感是由于达到目标而获得的，而在获取成就感的过程中，目标就成了一个非常好的激励标志。它如同指南针、卫星导航一样指引着方向，又如温度计、计数器、高度计等仪表一样记录着我们行为的阶段性成果和进展的评估。目标对人生具有很大的导向作用：

（一）产生积极的心态，集中精力、把握现在、看清使命、产生动力

设定目标之后，我们能一眼看清目的地。想象着已经成功的那个画面，它能为我们提供坚持奋斗的动力，对目前工作具有指导作用。精力和资源会集中在完成人生目标的每件事情上，使每件事情都具有意义。每当我们实现一个个小的目标，成就感就会不断增加。我们的思想方式或工作方式、心态就会向着更积极主动的方向转变。

（二）使我们的生存有意义和价值

人们处事的方式主要取决于他们怎样看待自己的目标，如果觉得自己的目标不重要，那么他所付出的努力自然也就没有什么价值，甚至不会去付出。如果觉得目标很重要，那么情况则相反。

（三）目标使我们把重点从过程转到结果

我们知道完成目标会带来什么样的结果，成功的尺度不是做了多少工作，而是获得了多少成果。

（四）目标有助于我们分清轻重缓急，把握重点

没有目标，我们很容易陷入跟理想无关的现实事务中，一个忘记最重要事情的人，

会成为琐事的奴隶。

（五）目标能提高激情，有助于评估发展，自我完善

目标使我们心中的想法能具体落地实施，让我们干起活来心中有数，热情高涨。你能清晰地看到距离目标还有多远，回望一下自己取得的进步，评估一下自己的效率，总结反思自己需要改掉的缺点。同时在明确的目标下进行的评估能更好地让我们认识到自己的优点，从而扬长补短，自我完善。

（六）目标会产生信心、勇气和胆量

信心、勇气和胆量来自"知己知彼"。对目标及其实现的过程的清晰透彻的认识，必然使你从容不迫，处事不惊。

美国哈佛大学有一个非常著名的关于目标对人生影响的跟踪调查。对象是一群智力、学历、环境等条件差不多的年轻人，调查结果发现：27%的人没有目标，60%的人目标模糊，10%的人有清晰的短期目标，3%的人有清晰的长远目标。

25年的跟踪研究发现，他们的生活状况和分布现象十分有意思：

3%的人，25年间始终朝着一个目标不懈努力，几乎都成为社会各界成功人士、行业领袖和社会精英；

10%的人，他们的短期目标不断实现，生活状态稳步上升，成为各行各业不可或缺的专业人士，大都生活在社会中上层；

60%的人，他们能安稳地生活与工作，但都没有什么特别的成绩，几乎都生活在社会的中下层；

剩下27%的人，生活仍然没有目标，过得不如意，并且时常抱怨他人、社会、机会。

可见，有没有目标，人生大不相同。有位成功的管理者曾说过："如果你没有明确的个人或职业方向，就会感到空虚和不满足，并且不能够前进或发展。"目标就像前方鲜明的旗帜，指引着我们向前奋进，是成功之路的第一推动力。

三、人生管理之目标管理

（一）设定目标

安排一段完整的时间，找一个安静的场所，关掉手机，拿出纸笔，认真深刻地思考下面的内容：

你要一个什么样的人生？你要一个什么样的事业和家庭？你想拥有多少财富？你想成为一个什么样的人？

心目当中的这些愿景就是你的人生导航。不要以你现在的条件来设定人生的终极目标，因为你也不确定你10年后会不会飞黄腾达，你现在没有钱，知识不够，没有人际关系等，那也只是现在。你要想的是，在你60岁以后，在事业、财富、家庭生活、

学习成长、人际关系、健康休闲等方面，你渴望成为什么样子。

（二）分析目标

根据你人生终极目标（60岁以后）往回设想，制定你的远期目标、中期目标和近期目标，每个阶段，希望达成什么结果，把它们逐一写下来。分解得越细越好。

之后再对每个目标扪心自问：这真的是我的目标吗？这个目标是否有违良心？是否损害他人利益？它与其他目标有矛盾和冲突吗？我是否乐意全身心地投入？能否想象达成这个目标的情形？

以上六个问题的答案必须都是肯定的，否则这个目标就需要修改，甚至删除。

然后再扪心自问：达成这个目标会使我快乐吗？会使我更健康吗？会使我更富足吗？会使我交到更多的朋友吗？会使我更有安全感吗？会使我和别人相处得更愉快吗？

如果上面六个问题的答案全部是否定的话，那么该目标即应重新考虑。

然后分析你的起始点：

我的性格是什么样的？

我拥有哪些天赋和特长？

我有哪些喜好？

我拥有的优势、知识、条件、经验有哪些？

我的知识和技能是否能跟得上时代的步伐？

我的劣势是什么？

我目前处于一个什么样的环境？周边有哪些资源？

我所处的时代和环境对我有什么机遇？

以往有哪些令我难忘的事情和经历？

我曾有过的成功纪录？

我最后悔的事情和经历？

我以往从事过哪些工作？

我与什么人往来，和我最亲近的三个人所从事的工作是什么？

与之合作我想得到什么结果？

最近半年自己主要时间花费在哪里？

（三）寻找支持

1. 确认达成目标的障碍，并找出解决障碍的方法

确认障碍是为了有备无患，从容不迫。同时要记住，障碍是来帮助我们学习成长的，而不是来阻碍我们的。达成目标的过程，其实就是克服障碍的过程，关键性障碍应找出不低于五个解决方案，其他每个障碍都要找出解决方法。

2. 确认达成目标所需要的知识和技能

你已经具备哪些知识？你还需要哪些技能？如何获得这些知识和技能？制订相应的学习计划，每次学习完，都要做总结：你学到什么？如何应用？你也可以做一个学习记录表，不断地完善自己，为自己的目标达成做充分的准备。

3. 确认有合适的人或团体帮助自己达成目标

充分调动力量和因素，找到合适的人或团体来帮助自己达成目标，比如专业协会、行业协会、专家老师、业内成功人士。想办法让该领域内较成功的专业人士来帮助你，同时获得家人的支持，他们都是帮助你快速达成目标的有效动力。

（四）立即行动

1. 将目标视觉化

想象目标完成后的感觉，将自己沉浸在美好的情境中。

在内心勾勒一幅清晰的人生蓝图，从而产生实现目标动力和克服障碍的决心，潜意识的运作来源于明确的画面。假如你的梦想是某年某月买一辆车，车的颜色和款式等要描述得一清二楚，并找来具体的照片贴在你的"愿景板"上，引导自己的思维从这方面思考。

2. 制定达成目标的计划和完成的期限

一旦确定目标并找到实现目标（解决障碍）的方法，你就要制订每年每月每周甚至每天的计划，并设定完成期限。没有期限，人就会懒，就等于没有目标。期限，是衡量目标的进展、激发向目标不断前进的动力。

3. 马上行动，现在就做

把你的梦想变成行动计划，分解成每年每月每周每天，用行动日志带领自己去行动。

四、在工作中获得心流体验，增加工作的成就感

村干部每天面对大量工作，因长时间加班，很多人出现心理疲惫、过度担忧、抑郁、焦虑、睡眠质量差等现象，注意力、行动力降低，甚至影响了工作和生活。解决问题的根源和最优方法是重构一个更精巧、更简洁、更节能的思维行动框架，在工作中获得心流体验，增加工作的成就感。把有限的注意力，像探照灯一般集中成一道光束，放在解决眼前的难题上。

◇ 彻底断舍离

丢弃所有 3 个月内用不到的物品，删除微信外所有社交 App，删除手机通讯录里半年以上没有通过电话的联络人。

◇ 屏蔽日常噪声

将所有微信群、微信消息设为静音，关闭微信视频通话，关闭朋友圈，将陌生来

电设为自动挂断或转语音信箱,只在起床、午休、晚饭后及睡前集中回复消息。

◇ 提升多巴胺

效果最好的是无氧和有氧结合的运动。如果身体底子好,每天在室外长跑5千米;工作繁忙的白领,每天抽出1小时去健身房练划船机或打壁球。

◇ 阻断负反馈来源

拉黑总带给你不良感受的人,哪怕是家人、同事,不能拉黑就降低沟通频率至原来的三分之一以下,除非必要,拒绝一切见面;取关所有让你有焦虑感的博主,不关注所有热搜新闻;不参与所有茶水间的闲聊和邻里"嚼舌根"的活动。

◇ 阻断幻想来源

不看所有会让自己想太多的书、剧、综艺,比如哲学、量子力学、哈利·波特、偶像选秀、恋爱综艺;不做任何会让自己产生投射的活动,比如追星、磕CP。

◇ 阻断成瘾来源

戒烟、戒酒、戒糖、戒可乐;拒绝任何有奖励诱惑机制的网游和手游。

◇ 秉持极简消费

一周内用不到的东西都不要买,如生活用品、衣服、数码产品,只买日常生活所需物品;拒绝所有会导致提前消费和过度消费的渠道,比如信用卡、花呗、网贷、小贷;坚持不负债生活,不贷款买房、买车、旅游。

◇ 开展冥想式呼吸

每天闭眼或面对白墙做3次冥想式呼吸,每次10分钟,放空大脑。

◇ 识别情绪(波动的情绪也是在消耗能量)

每种情绪,都有自己的作用:

对悲伤说:谢谢你告诉我要放下过去!

对低落说:谢谢你告诉我要重视当下的感受!

对焦虑说:谢谢你告诉我要采取有效行动!

对未知(说不清的情绪,含积极和消极)说:谢谢你让我更了解自己的颗粒情绪!

应用练习

人生平衡轮,规划圆满人生——自我评估图

请从至少8个方面(职业发展、财务、朋友及他人、家庭、健康、娱乐休闲、个人成长、自我实现)评估你的生活现状。创建代表你工作生活的平衡轮图。用1到10从低到高表示,问自己:

现在我对生活的这个方面的满意度是多少?

模块七　积极意义

"现在"是提醒你记录下当前你所感受到的。因为每周、每天，甚至每小时因情况的变化你的分值都会不同。

"我对……的满意度是多少"只是一个主观的评价，这与你的家人或同事或邻居对你的看法无关，也与你是否成功无关，只与你个人的期望值有关。

从八项中选择你认为最重要的一项：

关于你最满意的这一项在生活中的表现：

下一步，你想选择哪一项作为你努力的关键目标，为什么？

知识延伸

心理学研究中关于人对于外部世界的认识分为三个区域：舒适区、学习区和恐慌区。

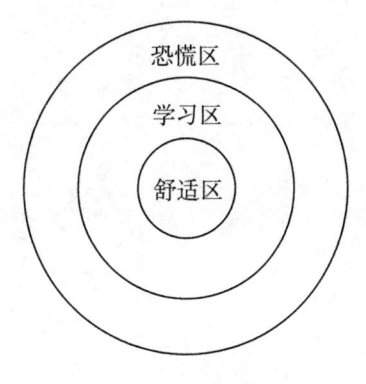

舒适区，又称为心理舒适区

在这个区域里，人们每天处于熟悉的环境中，和熟悉的人做着熟悉的事情，对人对事都得心应手、驾轻就熟，感到很轻松自在。但是，当我们踏出这个圈子的界限的时候，马上就会面对不熟悉的变化与挑战，我们会感到不舒适，很自然地想要退回到舒适区内。

舒适区的表现：每天的工作重复及枯燥；对手头上的事情提不起劲儿去做；每天貌似很舒服地在工作或生活；人变得越来越颓废的感觉。

如果你有上述感觉，证明你正处于舒适区中，它正在一点一点地侵蚀你的内心，让你变得越来越懒惰，生活也越来越无趣。另外一种生活状态：看起来很努力，看起来很累很忙，不过是无意义地循环着，这样的生活，过着觉得舒服，却没有本质性的变化。

学习区

学习区是人们很少接触甚至未曾涉足的领域。这里充满了新鲜的事物，人们可以充分锻炼自我，挑战自我。

恐慌区

顾名思义，在这个区域中人们会感到忧虑、恐惧、不堪重负，因而认知迟钝。所以，人处在恐慌区是无法学习的。

心理学研究结果表明，只有在学习区内做事，让挑战的难度和自身的能力相匹配，做需要费点儿劲儿才能做到的事情，才能开拓思维和视野，激发潜能，充分发挥自身的才能。

参考文献

[1] 李中莹. 重塑心灵 [M]. 北京：世界图书出版公司北京公司，2006.

[2] 埃德尔曼. 思维改变生活 [M]. 黄志强，殷明，译. 上海：华东师范大学出版社，2007.

[3] 卡尔. 积极心理学：关于人类幸福和力量的科学 [M]. 丁丹，译. 北京：中国轻工业出版社，2008.

[4] 王滟明，邹简. 哈佛积极心理学笔记 [M]. 北京：中国言实出版社，2011.

[5] 沙哈尔. 幸福的方法 [M]. 汪冰，刘骏杰，译. 北京：中信出版社，2013.

[6] 高朋. 希望 [M]. 北京：民主与建设出版社，2014.

[7] 彭凯平. 吾心可鉴：澎湃的福流 [M]. 北京：清华大学出版社，2016.

[8] 习近平. 决胜全面建成小康社会夺取新时代中国特色社会主义伟大胜利[M]. 北京：人民出版社，2017.

[9] 契克森米哈赖. 发现心流：日常生活中的最优体验 [M]. 陈秀娟，译. 北京：中信出版社，2018.

[10] 弗兰克尔. 活出生命的意义 [M]. 吕娜，译. 北京：华夏出版社，2018.

[11] 塞利格曼. 持续的幸福 [M]. 赵昱鲲，译. 杭州：浙江人民出版社，2019.

[12] 傅小兰，张侃，陈雪峰，等. 中国国民心理健康发展报告（2017~2018）[M]. 北京：社会科学文献出版社，2019.

[13] 彭凯平，闫伟. 活出心花怒放的人生 [M]. 北京：中信出版社，2020.

[14] 弗雷德里克森. 积极情绪的力量 [M]. 王珺，译. 北京：中国纺织出版社有限公司，2021.

[15] 塞利格曼. 真实的幸福 [M]. 洪兰，译. 杭州：浙江教育出版社，2020.

[16] 塞利格曼. 活出最乐观的自己 [M]. 洪兰，译. 杭州：浙江教育出版社，2021.

[17] 刘建平，沈兰军. 零压工作：构建职场幸福大厦 [M]. 北京：中华工商联合出版社，2021.

[18] 肖莉，冯健. 领导干部的心理压力及其调适 [J]. 九江学院学报，2008（2）：58-60.

[19] 霍团英. 基层党政干部心理压力调查及其调适对策 [J]. 中州学刊, 2010 (2): 145-147.

[20] 梁明辉, 张黎. 吉林省农村干部心理健康状况调查 [J]. 现代预防医学, 2013 (14): 2631-2633.

[21] 顾卫琴. 基层党政干部心理压力调查及其调适对策 [J]. 智库时代, 2018 (22): 21-22.

[22] 卢丹志. 农村基层党政领导干部的心理健康与加强党的执政能力建设探析 [J]. 决策探索（下）, 2019 (3): 32-33.

[23] 吕红娟, 李朝波. 加强党员干部心理建设探析 [J]. 党建研究, 2020 (9): 54-56.

[24] 袁宜. 基层中青年领导干部心理健康现状与心理疏导 [J]. 山西财经大学学报, 2021, 43 (S2): 76-78.

图书在版编目（CIP）数据

村干部积极心理建设 / 朱艳军主编 . —— 济南：济南出版社，2024. 10. ——（乡村振兴）. —— ISBN 978-7-5488-6569-8

Ⅰ . D630.3

中国国家版本馆 CIP 数据核字第 2024AB5725 号

村干部积极心理建设

朱艳军　主编

出 版 人　谢金岭
图书策划　朱　磊
出版统筹　穆舰云
特约编辑　张韶明
责任编辑　穆舰云
封面设计　王　焱

出版发行　济南出版社
地　　址　山东省济南市二环南路 1 号（250002）
编 辑 部　0531-82774073
发行电话　0531-67817923　86018273　86131701　86922073
印　　刷　济南乾丰云印刷科技有限公司
版　　次　2024 年 10 月第 1 版
印　　次　2024 年 10 月第 1 次印刷
成品尺寸　185mm×260mm　16 开
印　　张　11
字　　数　228 千
书　　号　978-7-5488-6569-8
定　　价　34.00 元

如有印装质量问题　请与出版社出版部联系调换
电话：0531-86131736

版权所有　盗版必究